唐家湾历史文化丛书

《唐家湾历史文化丛书》编委会 编

唐家湾
文物保护利用笔记

罗玉芬 主编

SPM
南方出版传媒
广东人民出版社
· 广州 ·

图书在版编目（CIP）数据

唐家湾文物保护利用笔记 / 罗玉芬主编. —广州：广东人民出版社，2021.10

（唐家湾历史文化丛书）

ISBN 978-7-218-14791-8

Ⅰ.①唐…　Ⅱ.①罗…　Ⅲ.①文物保护－研究－珠海　Ⅳ.①K872.653

中国版本图书馆CIP数据核字（2020）第256701号

TANGJIAWAN WENWU BAOHU LIYONG BIJI

唐家湾文物保护利用笔记

罗玉芬　主编

出 版 人：肖风华

责任编辑：梁　茵　谢应祥
封面设计：张绮华
责任技编：吴彦斌

出版发行：广东人民出版社
地　　址：广州市海珠区新港西路204号2号楼（邮政编码：510300）
电　　话：（020）85716809（总编室）
传　　真：（020）85716872
网　　址：http://www.gdpph.com
印　　刷：广东鹏腾宇文化创新有限公司
排　　版：广州市友间文化传播有限公司
开　　本：787mm×1092mm　1/16
印　　张：20.5　字　数：300千
版　　次：2021年10月第1版
印　　次：2021年10月第1次印刷
定　　价：128.00元

如发现印装质量问题，影响阅读，请与出版社（020-85716849）联系调换。
售书热线：（020）85716826

《唐家湾历史文化丛书》编撰委员会

顾　问：闫昊波　王玲萍　苏　虎　唐嘉乐
主　任：王小彬
副主任：周火根　薛　飞　刘　铁　刘小满　林广志
委　员：罗福智　李保卫　潘　恒　李　强　张　勇　罗玉芬
　　　　赵殿红

《唐家湾历史文化丛书》学术委员会

主　任：林广志
副主任：罗玉芬
委　员：（按姓氏笔画排序）
　　　　丁旭光　王　杰　田卫平　丘旺兵　陈文源　何宁宇
　　　　吴流芳　郑剑艺　赵殿红　高　俊　唐　越　宾睦新
　　　　袁　琴　曹天忠　黎映宇

《唐家湾文物保护利用笔记》编委会

顾　问：周火根　罗福智　潘　恒　张建军　陈振忠　张　勇
主　编：罗玉芬
副主编：黎映宇　何　准　丘旺兵
成　员：陈瑞和　甘晓涛　郑丽娟　唐　慧　刘佳增　何　群

统筹单位：
珠海高新区社会保障和公共事业局
编修单位：
珠海高新区（唐家湾镇）文化中心
协助单位：
珠海市唐家湾历史文化保护协会

珠海唐家湾，原属香山县上恭常都。其灵秀也，山海相拥，陆岛相望，名人辈出，是我国首个以近代历史遗迹申报历史文化名镇获得成功的古镇，也是首个地处岭南滨海、经济特区的国家级历史文化名镇。唐家湾毗邻澳门，亦曾沐浴澳门之欧风西雨。明清时期，澳门为中外贸易及西风东渐的"独木桥"，唐家湾之金星门海面多有洋船寄泊；逮于近代，唐家湾人以地利之便，得风气之先，或就学，或从商于澳门，继而参与"师夷长技"及洋务运动，以家族血缘和地缘关系为纽带，积聚经济、社会、文化资本，逐渐在内地建立连接海洋与珠江、长江流域之主要商贸城市和港口的经济、社会和人文网络，为推动我国早期对外开放、经济社会发展作出了重要贡献。

近代以来，从唐家湾走出了中国近代民族工业先驱唐廷枢、中华民国首任内阁总理唐绍仪、清华学校首任校长唐国安、中国共产党早期领导人苏兆征、人民画家古元等一大批在我国政治、经济、军事、文化、教育、外交等领域做出重要贡献的精英人物。他们的爱国情怀和卓越贡献，在我国近代化进程中闪耀着永恒的光亮，在唐家湾巷陌里乃至珠海地区成为代代传颂的佳话，由此凝聚成具有鲜明的对外开放特色的中国人文地理标志。凭借独特的人文地理气质，唐家湾不仅曾作为民国时期中山模范县县府以及新中国成立初期珠海县的建县之地，更是我国改革开放、经济特区建设中的先行地区，而坐落于该镇的闻名遐迩的珠海高新区，更使之成为珠江口西岸首个传统文化与当代科创相融合的知识经济港。

粤港澳大湾区建设是习近平总书记亲自谋划、亲自部署、亲自推动的重大国家战略，是新时代推动形成全面对外开放新格局的

新举措，是推动"一国两制"事业发展的新实践。在全面贯彻实施《粤港澳大湾区发展规划纲要》的背景下，发挥澳门与珠海地域相近、文脉相亲的优势，挖掘和传播唐家湾的文化底蕴与开拓精神，探讨澳门与香山（珠海）的历史文化关系，是大湾区建设"以中华文化为主流，多元文化共存的交流合作基地"的重要任务和目标。因此，珠海高新区政府以扎根乡土的文化情怀和瞭望四海的深邃目光，提出了《唐家湾历史文化丛书》的编写和出版计划。此举对进一步推进唐家湾历史文化研究，深入发掘珠海、澳门的优秀文化基因，探讨当代珠海、澳门人文合作的可能性，彰显包括中山、珠海、澳门在内的香山文化在粤港澳大湾区建设中的作用，建设新时代的人文湾区具有重要的历史和现实意义。

　　《唐家湾历史文化丛书》由珠海市文化广电旅游体育局指导，珠海（国家）高新区管理委员会主持，珠海高新区社会保障和公共事业局、珠海高新区（唐家湾镇）文化中心、澳门科技大学唐廷枢研究中心、珠海市唐廷枢历史文化研究中心等单位合作，组织专业研究团队系统地搜集、整理史料，对唐家湾历史人物、重要事件、文化遗产等专题进行研究和传播，是一套兼具学术性和通俗性的系列历史文化著作。

　　按照计划，《唐家湾历史文化丛书》大致分为历史、人物、建筑人文、非遗文化等四个系列，计划用三年时间初步完成首批6种图书，以后视情况陆续出版。首批图书包括《中国共产党早期著名领袖苏兆征》《中国近代民族工业先驱唐廷枢》《清华首任校长唐国安》《唐家湾古建筑艺术》《唐家湾文物保护利用笔记》《唐家湾碑刻集》等。以上图书在参考前人成果的基础上，由近代史专家及长期从事唐家湾历史文物保护的专业工作者分别撰写，系统介绍唐家湾历史文化遗产及近代著名人物的概貌与事迹，挖掘其深层文化价值，完整呈现唐家湾文化发展的历史谱系和价值体系。

习近平总书记在2019年1月2日致信祝贺中国社会科学院、中国历史研究院成立时指出："当代中国是历史中国的延续和发展。新时代坚持和发展中国特色社会主义，更加需要系统研究中国历史和文化，更加需要深刻把握人类发展历史规律，在对历史的深入思考中汲取智慧、走向未来。"身处伟大的时代，重视历史经验的总结和优秀文化的传承，才能走得稳，走得远。《唐家湾历史文化丛书》的编撰出版，是珠海、澳门文化界一次新的合作，我们期待社会各界对丛书提出宝贵意见，使之不断丰富和完善，共同为新时代人文湾区建设作出新的贡献。

林广志

2019年11月11日

目

Contents

录

第五章　庙宇

导　言

　　珠海市唐家湾镇位于珠海北部，山海相拥，陆岛相望，人杰地灵，名人辈出，是首个以近代历史遗迹申报中国历史文化名镇获得成功的古镇，也是首个地处岭南滨海、经济特区的国家级历史文化名镇。其历史文化底蕴深厚，拥有珠海市不可移动文物116处（其中广东省文物保护单位7处，珠海市文物保护单位16处），珠海市历史建筑53处，还有突出反映近代岭南建筑中西兼容风格的唐家古镇建筑群、会同古村建筑群等众多成片、多样、完整的传统聚居群落，历史遗存丰富。这方宝地，曾涌现出中国共产党早期领导人苏兆征、近代民族实业重要奠基人唐廷枢、民国首任内阁总理唐绍仪、人民画家古元等一大批致力于寻求救国富民之路，在政治、经济、军事、文化、教育、外交等诸多领域作出杰出贡献的历史名人，他们在我国近现代史留下了光辉的篇章，亦为家乡留下历史印记，使历史名镇与历史名人相互辉映。

　　珠海高新区与唐家湾镇于2006年实施"区镇合一"机构改革以来，高度重视历史文化的保护传承工作，2009年以来，先后投入8000多万元，修缮唐家三庙、望慈山房、唐家瑞芝祠、会同莫氏大宗祠、淇澳钟氏大宗祠等50处重要古建筑，建成唐家、会同、淇澳等9个村史馆，中秋对歌会等5个非遗传承基地和会同电影小馆等一批公共文化服务场馆，并实行常态化免费开放，在按照"创造性转化、创新性发展"的时代要求，传承优秀传统文化的探索道路上作出了有益的尝试。

在保护利用过程中，严格遵守《中华人民共和国文物保护法》等有关法令法规及相关文件规定，参照《威尼斯宪章》等文化遗产保护国际宪章，在文物修缮工程设计、施工等各环节中切实按照"真实性原则""四保存原则""可读性原则""最少干预原则""可逆性原则"等原则，对文物建筑进行了有效保护，并为以后必要的或者更好的修缮留下可能性。

为总结工作，更好地推进下一步工作，同时记录历史，为以后的文物保护利用工作提供原始资料，特将2009年至2020年珠海高新区实施的50处文物和历史建筑保护利用工作记录汇编成书。本书共分六章，以文物和历史建筑类别"园林""古村落""名人故居""祠堂""庙宇""其他"为章，每处文物或历史建筑单独成节，再按照建筑维修开工日期，在各章中进行排序。本书主要内容为各建筑简介、维修保护前损毁情况、主要维修内容以及活化利用情况，并记录尚未完成整体保护修缮的共乐园、会同古村等文物的保护利用相关思考。

书中的古建筑修缮设计图由于设计单位不同、古建筑本身面积大小不一等因素，故设计图的比例尺、指北针、数值等要素的大小、样式和清晰度等并不一致；书中古建筑简介采用第三次全国文物普查中经审核公布的数据，由于现场测量条件改变、测量工具和手段不同等因素，与修缮设计图中标注的尺寸数据部分存在不一致，但偏差值较小。为了尊重两次的测量成果，保留条件变化前后测量的真实数据，故没有将两次数据作统一性调整。同时，设计图中的长度单位除特别标示外均为毫米。

【 第 一 章 】

园　林

第一节　共乐园

第二节　唐家湾中山公园

共乐园

　　唐家位于珠海北部，曾作为民国中山模范县县城，也是珠海县建县之地。其地钟灵毓秀、英杰辈出，近代民族实业重要奠基人唐廷枢、民国首任内阁总理唐绍仪、早期法学家唐宝锷、著名外交家梁如浩、同盟会女杰梁定慧、粤剧剧作大家唐涤生等才俊先驱均出于兹。位于唐家鹅峰山西北麓的唐家共乐园是著名近代岭南园林，由唐绍仪始建于清宣统二年（1910），民国二十一年（1932），公开赠予唐家村民共同拥有。共乐园依山面海、中西合璧、融汇古今，既有亭榭相招、花木相映、曲径通幽的传统园林景致，亦有观星阁、白鸽巢、网球场等西式建筑和设施，还种有570多棵名贵的百年古树，中有法国桃花心木，菲律宾洋蒲桃，马来西亚洋紫荆等从国外引进的国内稀有品种，也有传为京剧大师梅兰芳手植的美人树和唐绍仪亲栽的罗汉松，被誉为"岭南百年植物园"。共乐园内建有田园别墅、观星阁，造有莲池九龙寸、罗汉山及各式山亭，收有黄蜡石、戤鱼石、石匾、石狮等藏品。2001年，共乐园被评为"珠海十景"之一；2008年被公布为广东省文物保护单位。

一、建园主人

　　共乐园建园主人唐绍仪（1862—1938），又名绍怡，字少川，广东香山唐家乡（今属珠海市唐家湾镇）人。早年官费留学美国，是中国近代最早留美学生之一。归国后，曾任清末重臣，官至一品大员。是袁世凯建立的北洋政权中的重要角色，是中国近代史上声名显赫、权倾一时的民国政界要人。

同时，他还是蜚声中外的政治家和外交家，为争取民族利益、维护国家主权及创建共和做出了很大的贡献。1905年，作为清政府议约大臣的唐绍仪挫败了英国企图将西藏从中国分裂出去的阴谋。辛亥革命爆发后，他代表袁世凯参加南北议和，主张共和，为推翻清朝封建帝制做出过突出贡献。1912年3月任中华民国第一任内阁总理，旋即被迫下野，并与袁氏割席，分道扬镳。后追随孙中山参与护法运动，1917年参加护法军政府。1919年担任南方总代表与北洋军阀代表在上海议和。1929年至1934年主政中山模范县。抗日战争爆发后，他更是成为各种政治力量争夺和拉拢的对象，1938年9月，在上海寓所被军统特务刺杀身亡。

共乐园始建的背景是：光绪皇帝和慈禧太后先后辞世后，袁世凯遭到摄政王载沣等满洲亲贵的排挤与报复。唐绍仪作为袁氏股肱亦受牵连，被迫赋闲在家。1909年1月，袁世凯被迫出京，开缺回籍养疴，于养寿园拍《蓑笠垂钓图》公诸报端，以表示他寄情山水渔樵足矣，不再过问政治。作为呼应，唐氏亦在家乡唐家置地构筑私家园林，又拒清廷封授邮传部尚书，退隐静观其变。

唐绍仪一生醉心古董收藏，共乐园建园之初，恰逢其喜获一珍稀之物"小玲珑水晶球"，因而将新园命名为"小玲珑山馆"，核心建筑即为后被称为"旧山馆"的现共乐园"田园别墅"。及至唐绍仪辞去内阁总理之后，淡出政治权力中心，于民国三年（1914）开始扩建园林。1909年至1934年，唐绍仪多在家乡度过，共乐园也一直在其精心营造中，占地面积增加至约400亩。从多张旧照片题记可证，直至1922年春，该园林还是"小玲珑新馆""共乐园"两个名称同时使用。民国二十一年（1932），唐绍仪公开将共乐园赠予唐家村民共同拥有。至此，建园主人唐绍仪正式为共乐园完成了主动从私人园林到开放私人园林到公园的历程，成为一时佳话，亦是园林史上的珍贵罕例。此期间，共乐园不仅是游众云集的名胜，也是中山县政府接待名人、政要的主要场所。

二、筑园理念

一个园林的筑园理念往往是建园主人的美学志趣及人格寄托的综合反映。唐家共乐园建园主人唐绍仪为中国第一代海归，是维护国家民族利益的晚清显宦，是倾心民主共和、肇建民国的功臣，是坚持政治思想、推行训政自治、建设中山模范县的改革实践者。其一生游历甚广，学贯中西，胸怀天下，志趣高远。表现于筑园理念，形成共乐园中西合璧、古今融汇、内幽而外旷、引奇花异木于四方、融山海大观于一园的独特风格。

（一）布局

共乐园历史占地约400亩，因山为园，纵横两岗，极具气势。1932年《中山县政府土地局年刊》所刊的地图《中山港唐家乡简明图》，清晰标注出当年共乐园的范围、地貌、园中道路以及新山馆、旧山馆、观星阁等主要建筑和共乐亭、六柱亭、花架、山石等主要景观小品的位置，可见共乐园营造于"鹅岭北麓的两股山岗之上，中间隔着几块稻田。主要的建筑物，前岗有旧山馆和一座堡垒式的望星台，后岗有新山馆"①。共乐园建园立意整体上是开放式的，不但注重园内景点

图1-1　20世纪10年代，共乐园瞻远亭（共乐亭）建成留影（图片来源：上海图书馆）

---

① 引自《中山港名胜》（1930年）。

之间的关系，用较高耸的旧山馆、观星阁等主体建筑形成园林构图中心，也十分注重与园外空间的对话，善用借景的手法，把园外田野、山海景色引入园中，从而形成园林空间的丰富层次。从历史照片来看，在共乐园建园之始的宣统二年（1910）中秋，唐绍仪即特意在旧山馆边的山丘上动工建筑瞻远亭（共乐亭），以远瞩大海，"登之胸襟为之扩"[①]；而堡垒形的观星阁更是雄视左右，登临可左观淇澳，右赏东山，听满山松涛琅琅，与近海的涛声相和应，望金星门外碧波荡漾，朝夕风云变幻。显然，作为著名政治家、外交家的唐绍仪，其襟怀不会拘于园内鹅岭峰下的孤芳自赏，而是通过大手笔的借景，借助大自然的神来之笔，将周围景色纳入园林的怀抱，从而扩大视野，充实意境。而后又依起伏的山势建筑登山路径及各式山亭，掩映有致，位置最高的六柱亭，"和鹅岭的高峰相接也最近"[②]。此为唐家八景"鹅峰旭日"的观景之处，具有凤岭清晨看朝阳的诗情画意。此借助自然地貌移步换景，到山顶达到赏景高潮，"一级一级上去，田畴，松岗，海岸，留思山，金星门，渺茫的海，淡远的山，一层一层奔集于眼下"[③]，如一幅"千里江山图"。

在共乐园全盛的20世纪二三十年代，共乐园因"集全国园景之长而参以欧西所有，一花一草一木一石之微，无不运巧思而符乎美"[④]而颇受推崇，其时园中路径充分体现中国传统造园手法，造景讲究意境，路径布设与景物融合，既迂回相连，又曲径通幽，"或蓄水为池，或列草绕径，或筑室巢蜂，或架瓜棚，或植怪石作点缀，或砌石作高塔而植花于塔顶，尽罗奇花异草于其间，而所放置皆有画意，足以驻游者之目"[⑤]，堪称奇石、嘉木、美花、古物无不具备的自然博物馆。

---

① 引自《中山港名胜》（1930 年）。
② 引自《中山港名胜》（1930 年）。
③ 引自《中山港名胜》（1930 年）。
④ 引自《游唐家共乐园记》（1929 年）。
⑤ 引自《游唐家共乐园记》（1929 年）。

（二）建筑

共乐园的建筑不多，主要为旧山馆（即田园别墅）、观星阁、白鸽巢、新山馆和草石亭等各式亭子。据原载于《恒美月报》第六十一期（民国十八年夏历二月十五日出版）的《游唐家共乐园记》所述，观星阁和田园别墅同筑于右山一数十丈小丘上，"一作堡垒形，较高耸，雄视左右；一卑俯作广厦之，柱厅形，厅内陈几座，供香果茶具，窗明几净，四壁图书，殊清雅，为游客休憩之所"。而新山馆则是"山麓有广宙，囿而齐之，中建一屋，屋前植桃花百数十株，杂以红紫杜鹃等……屋后树竹通一径，绝类杭州西湖所谓韬光竹径者，环囿一匝，出之遂在平地"。据1930年出版的《中山港名胜漫谈》介绍："园主人对于亭子的构造似乎很感兴味，普通的四角式，六角式，八角式不消说，还有三角式，又还有伞式，可说别开生面了。"

共乐园的主体建筑旧山馆（田园别墅）是青砖墙灰瓦面的平房式建筑，为当年唐绍仪生活居所及接待客人的私邸，原为三进，因抗战时期被日军炸毁前座，现只余后两进，旁建有暖房，门口挂有唐绍仪当年题写的表述其与民同乐襟怀的楹联："开门任便来宾客，看竹何须问主人。"从历史照片来看，其建筑型式为唐家地区常见的一明两暗三开间，但风格与唐氏留在唐家

图1-2　20世纪30年代，卢慕贞、唐绍仪夫妻、孙科夫妻与众人在共乐园旧山馆前（图片来源：上海图书馆）

的其他建筑一般简朴，无添加装饰，并做成开敞方式，一进有开敞的檐廊。观星阁是一座颇得西方建筑款式要领的小洋楼，建筑天台为圆形，屋顶露天平台是按六分仪天文望远镜的规格而设计的，为唐绍仪及其亲属观测天象之用，原拱顶式的天花板绘有星座示意图。据说每逢初一、十五晚上，唐氏必登此阁，观星望月，以添情趣。观星阁前面筑有塔状鸟巢，共五层，也是充满异国风情，是一座尼泊尔风格的宝塔型建筑，俗称信鸽塔。塔型建筑由红砖砌成，四面设有小窗，可供鸽子自由进出，模仿树洞的环境。据传唐绍仪当年在共乐园里的树上挂了一百多个招鸟小木箱，供小鸟栖身。信鸽塔前平整的空地当年为网球场，唐绍仪及家人常在这里打网球。

（三）叠石理水

我国的园林造景最重叠山理水。著名的建筑学家、建筑教育家童寯先生说："假山、奇山怪石、半自然半人工，于中国园林有特殊含义，起着由人工向自然过渡的作用，也是世界上最独特的园林一艺。""叠山之艺，非工山水画者不精。"共乐园作为自然郊外园林，亦非常注重叠石，唐氏收集名石及利用当地海石，通过各种手法，构成共乐园不同的景观效果，或叠石造景，或布点散石，或立石成峰；有卧伏于草地者，有沉浮于水面者，有独居一隅者，有辟置于路旁者。其中莲池九龙寸及其后被称为罗汉山的假山最具匠心，为"太湖石堆积成径，径高低回环，石形咸奇怪古错，殆煞费搜集经营，效苏州花园制者"[①]。其体量虽然并不太大，但却岩壑纵横，气势雄奇，有"峰峦崛起，千叠万变"[②]的气象，实为佳作。可惜岁月侵蚀及人为损坏，已有部分倒塌。该处为唐绍仪、吴维翘夫妇最喜爱的共乐园景致之一，留有多幅照片，从各个角度清晰展示了其当年精心营造的效果。旧山馆前原还有一座人工筑山，从旧照片可见该山为唐氏着力营造的景观小品，在小土丘上留有大树，边上配以绿地与高矮不等的灌木，点缀景石和花卉，并

---

① 引自《游唐家共乐园记》（1929 年）。
② 引自《游唐家共乐园记》（1929 年）。

图1-3　1922年唐绍仪夫妻在共乐园莲池九龙寸　　图1-4　20世纪30年代，吴维翘在共乐园掇山（
（图片来源：上海图书馆）　　　　　　　　　　来源：上海图书馆）

筑有阶梯登临，可惜现已仅剩部分景石。可幸的是当年唐绍仪收集的奇石，如由南洋运回的黄蜡石、清末广东武林高手唐家六的"戤鱼石"和放置在观星阁前的他山之石仍存。

（四）嘉木花果

园林中的花木选择反映了园主重花木姿态、重花木意境的审美取向。共乐园现有挂牌古树名木570多棵，其中500棵为荔枝树。荔枝为岭南四大佳果之首（余为柑橘、香蕉和菠萝），古有"粤省果品甲天下，最知名者是荔枝"的记述。东莞可园《擘红小榭记》有："粤荔之美，咸推为果中第一，岭以北，未易知之。盖色香味少迟则变，况远道乎？是以粤人论园买，夏多就树啖之。可园既罗致佳品，杂植成林，乃为榭于树间，以待过客。欲使色香味俱无遗憾，庶不虚作岭南人。"而唐氏广植荔枝，除因苏轼"日啖荔枝三百颗，不辞长作岭南人"之名句，也有嘉果待客之意。值得注意的是，唐绍仪对苏轼的推崇在共乐园中随处可见，如对应苏轼名句"宁可食无肉，不可居无竹"，共乐园内遍植黄金挂绿竹、南竹等多种竹子，更亲题"开门任便来宾客，看竹何须问主人"的对联；在新山馆又以桃林竹径来演绎苏轼"竹外桃花两三枝"的意境；而在山岗遍植的松树，又让人联想到苏轼的"明月夜，短松冈"的悼亡词，表达其对原配张氏夫人的怀念。

传统文人将岁寒不凋的松、竹、梅，德行高洁的兰花，出淤泥而不染的荷花作为自己高尚人格理想的寄托和象征而栽植于园林中，并且将它们视为是能够与自己崇尚的道德境界随时进行交流的友人。共乐园原有梅林、兰圃、莲池，也有竹林与松径以表现主人的人格寄托。据唐绍仪十一女唐宝璐女士介绍，唐氏极爱兰花，园中时光以莳兰为乐。

图1-5　1922年吴维翘在共乐园花架、草亭中（图片来源：上海图书馆）

在园林栽种果树是岭南园林的特色之一，除荔枝外，共乐园中有龙眼、桃子、乌榄、枇杷、柿子、木桂子、波罗蜜等果树，充分表达了唐绍仪的务实精神。而作为外交家，共乐园更集中了很多异国嘉木名花，如桃心花木、洋蒲桃、宫粉紫荆、素心兰、黑松、番樱桃、印度榕和人参果等从国外引进的国内稀有品种，且还收集了各种奇花异草于园内，如红背桂花、华楸、紫藤、白梅、红梅、腊梅、黄兰、海桐、茶花、玫瑰、含笑、夜合、杜鹃、蒲葵等。从历史照片可见，现莲池对开的空地至田园别墅前，着重营造成植花园地，建有花架、草亭；观星阁前原也树立石柱花棚架，并点缀景石。

（五）诗韵文萃

中国的传统园林总是与文学相得益彰，对联、诗词歌赋总能为园林增

图1-6 唐家共乐园石牌坊

添诗情画意，彰显文化内涵。共乐园最著名的对联当为建园园主唐绍仪直抒胸怀的"开门任便来宾客，看竹何须问主人"，还有刻在原园门上的"仁者乐山知者乐水，十年树木百年树人"，此为1917年汪精卫作为孙中山使者往唐家湾"劝驾"，到访共乐园时所题，在1929年前是刻成木对联悬挂于园门上，后刻在园门柱上。上联用《管子》书中的："一年之计莫如树谷，十年之计莫如数木，终身之计莫如树人。"下联用《论语·雍也篇》中的子曰："知者乐水，仁者乐山。知者动，仁者静。知者乐，仁者寿。"全联大意是称赞园主既如仁者一样喜爱山，又如智者一样喜爱水；既兴建园林，又致力培育英才；还隐含祝福园主快乐长寿的意思。汪精卫早年谋刺清摄政王载沣，在狱中赋《被逮口占》："慷慨歌燕市，从容作楚囚。引刀成一快，不负少年头。"名噪一时。当是时，其为孙中山左膀右臂的角色，这样的称赞与祝福，唐绍仪自是欢喜的，于是便刻于牌坊石柱上，与民共赏了。该园门上"共乐园"三个字据说是唐绍仪手迹。

唐绍仪六十大寿时曾专门在佛山定制了一批花盆，现园中留有8个，花盆上是一幅幅精美的配诗国画，如其中题有咏苏东坡的诗："名流游戏向人寰，扶杖持瓢独往还，却笑当年苏学士，宛然行乞赴田间。"表达了唐氏乐于"浑同草野一田夫"的闲适情趣。表达这种情怀的还有原来悬于田园别墅中的陈洌手书的一首七绝："小别旌麾阅岁华，先生客久乍归家。悬知手种千株荔，颗颗红于勾漏砂。"而这些为唐氏寿诞特制的花盆中，有一首咏唐氏生肖（鸡）的诗："名参十二属，花入羽毛深。守信催朝日，能鸣报晓阴。峨冠装瑞玉，利爪削黄金。徒有稻粱感，何日报德音。"隐喻爱国爱乡的情怀，又隐隐带出失落惆怅的意味，令人想起唐绍仪的另一首诗"共乐园中岁月长，中山山水任徜徉。只缘一念怜精鸟，重入是非旧梦乡"。或者这也可以解释唐绍仪为何会以古稀之高龄，曾任国务总理之尊，来担任中山模范县县长。

最迟在1917年，唐氏重建共乐园园门的时候，还在扩建营造中的共乐园已经向公众开放，到20世纪20年代，共乐园已是知名的开放园林。共乐园接待了众多的游客，也留下了很多赞颂的诗文，其中颇为有名的是《西行漫记》作者埃德加·斯诺所写的《华南的唐家湾》，他用隽永的文字记录了1930年一个美丽的秋日，他与唐绍仪在共乐园的树荫下，一边呷着茉莉花茶，一边海阔天空地神侃，从清代的瓷瓶，唐代的诗人，一直谈到雪佛兰汽车和《凯洛格公约》。在斯诺看来，共乐园的迷人，不仅因为芳草鲜美，更在于唐绍仪的儒雅风度和与民同乐："村里的人似乎爱戴唐绍仪，唐无疑也爱他的村子。不久以前，他把建在山上的花园作为向公众开放的公园……在绿荫深处的隐居地，你会发现唐绍仪在读孔子的《论语》，或托尔斯泰著作的英文版。"那时候在唐家也流传着唐家小学教师梁子瑜于1922年所赋七古《共乐园》长诗："唐家自昔称巨乡，雄踞香邑东南方，地灵人杰二美具，恢扩伟迹开天方，少川唐公今豪俊，富能好礼不骄吝，兴学既为桑梓先，辟园又作一方镇，园名共乐超太古，凿山鞭石运神功，百年树人十年木，苍松翠柏盘青空，今我来游到山馆，小玲珑坐尘襟浣，共乐亭前花盛开，万紫千红春色满，北有观星一阁高，群峰环绕快游遨，琅琅天籁入清听，松声遥答海头涛，金星门外波浮碧，风云颎洞来晨夕，左观淇澳右东山，万里奇观在咫尺，莘莘学子恣游歌，环池摄影牵碧萝，雪鸿留迹传韵事，应胜平泉草木多，美哉唐公之建设，石狮旧物今罗列，风景原来本不殊，举目山河今昔别，兰芬桂馥见精神，培植功深雨露新，观乡岂异观于国，治法还须赖治人，人功巧并天功妙，园林点缀增才调，唐公珂里赋归来，此地盘桓足游钓。"此诗着力描写共乐园胜景，如实反映了共乐园内幽而外旷、引奇花异木于四方、融山海大观于一园的特色，赞叹唐绍仪"园名共乐超太古"的共乐情怀。

三、名园沧桑

抗战时期开始，共乐园遭受多番磨难，园貌几经改变。1939年，日军飞机炸毁共乐园莲池九龙寸、旧山馆前座，共乐园开始破败。1940年，唐家地区沦陷后，共乐园进入无人看管状态，松林等成材树木被日军砍伐用于修筑工事，果木亦多有被偷砍作为柴料，亭台楼阁也遭人拆毁，名花凋零，园内变得荒芜一片，萧条冷落。抗战胜利后，乡人唐颖坡先生回乡创办中山六区中学，校址设在共乐园观星阁，曾组织师生整理园貌，栽种花木，后学校迁至村内望慈山房和瑞芝祠一带。期间，已经回乡定居的唐雄先生也受唐绍仪家人之托，照看共乐园。

中华人民共和国成立后，1951年起，驻军在共乐园新山馆区域建设一六八军医院，至1963年搬迁；此后该营房区被长期用作军属宿舍直至20世纪80年代；后曾作为757地质队单位驻地；而后归属唐家镇，成为出租屋及厂区。在医院旁地块，还建有地方企业制冰厂。本就"营造不多"的新山馆区域，因而被整体改变，新山馆亦不存。

共乐园旧山馆区域，在1959年唐家不再作为珠海县政府驻地后，由于缺乏管理经费，长期处于荒芜状态。"文化大革命"后期，旧山馆区域用作知青点，成为瓦砾遍地、杂草丛生的牧牛场地。珠海建市后，共乐园于1979年接受侨商林一生100万港元捐赠，用于修复共乐园旧山馆区域园貌，现存莲池九龙寸、憩宾亭、乐山亭、瞻远亭、翠耸亭等均为该时期修筑。惜历史局限，此次修复未能按原有造园理念和一般造园手法尽可能恢复历史原貌，新修的亭子和后加3处管理用房的建筑，均为水泥钢筋混凝土结构、瓷片贴面，从构造的形制和使用的材料都与作为历史园林的共乐园存在不协调，园中道路、重要景观小品、新栽花木也多有改变，如莲池九龙寸未能按历史规模修复，还在紧邻处新挖灵龟池以作游客投币祈福之用。同时为发展旅游需要，还修建了碧海餐厅、挖掘人工湖、修筑九曲桥等。1982年，共乐园改名为"唐家湾公园"，划归市属，此时，公园面积为118515.53平方米。1985

年，为了让旅游大巴进入园区，扩门扩路，修建新园门，将原园门石牌坊迁移进园内，树立于新进园路斜坡右侧的山边。

1987年，恢复共乐园原名，后产权划回唐家镇人民政府，此后，共乐园作为镇属集体所有制企业运作。是年，共乐园被列为珠海市文物保护单位。1993年，珠海市政府拨款40万元，唐绍仪第十三女唐宝珊捐助4万元港元修缮共乐园观星阁、暖房、田园别墅及唐绍仪故居。惜由于历史局限、技术水平等原因，被毁建筑在此次修缮仍未能做到按历史原貌恢复。1998年3月，被用为军医院的旧山馆区域114770.52平方米地块作为新划入公园用地回归共乐园。此时共乐园红线面积达233286.05平方米（约350亩）。

进入新世纪，文物保护越来越受重视。2007年，唐家湾镇获评"中国历史文化名镇"。2008年，共乐园被公布为广东省文物保护单位。同年，共乐园归属新成立的珠海高新区区属国企珠海唐家湾文化旅游有限公司管理，珠海高新区开始逐年投入资金开展共乐园整理、修复工作，加强园区管理。2013年2月10日（癸巳年正月初一），共乐园免费对游人开放；同年，共乐园归属珠海高新区（唐家湾镇）文化中心管理。2018年，共乐园边上的大型社区公园——共乐大花园建成，此后共乐园和共乐大花园一起归入区属国企统一管理。

四、保护维修

2008年起，珠海高新区逐年投入资金开展共乐园整理、修复工作，清理了部分影响园貌的后期添加物，整治了园貌，加强了园区的管理，分期实施了四期维修、保养维护工程，其中包括在2009年对田园别墅（旧山馆）和观星阁开展修复工程，2013年实施综合保养维护工程，2015年实施园区道路保养工程，2018年实施共乐园田园别墅前庭院保养维护工程等，并增设"唐家湾名人堂""唐绍仪事迹展"等展览，以使历史与景观融合一体，增添古建筑利用的层次。

（一）田园别墅修缮工程

2009年，珠海高新区以珠海唐家湾文化旅游有限公司为建设单位启动田园别墅修缮工程，此为珠海高新区与唐家湾镇于2006年7月实施区镇合一体制改革以来的第一项文物维修工程。施工期间，时任国家文物总局局长单霁翔、广东省文物局局长苏桂芬、副局长龙家有以及珠海市、高新区有关领导到施工现场检查和指导工作，并提出了具体要求。单局长指示："要尽量多的保留原有的东西"。该工程设计单位为广州大学建筑设计院，施工单位为浙江省临海市古建筑工程公司，监理单位为珠海市建设工程监理有限公司，2010年5月20日开工，2010年8月18日竣工。

1. 维修前损毁情况

（1）田园别墅主座屋面损毁严重，大面积漏雨；梁架、檩条、桷板均大面积霉烂破损，部分梁架、装饰木构损毁严重，存在安全问题；室内地面大阶砖破损、门窗破损，墙面后改为水泥石灰混合砂浆批荡。

（2）厨房后改为单坡屋面，屋面部分抬高。

（3）暖房后改为密封木天花，烟道堵塞，烟囱顶部后改，样式与建筑本体风格不协调。

（4）有后加落水管和其他线管，后加围墙及后加建房屋，与原建筑风格不协调；主座后面冷巷花岗石破损，有寄生树。

（5）室内外排水沟及天沟排水不畅。

2. 工程主要内容

（1）重盖主座屋面，瓦面按叠七留三法重盖，瓦件尽量使用原来保存完好的陶瓦，损坏部分重新订做与原尺寸和材质相同的素瓦件，并重盖。增补瓦钹，屋脊及檐口用0.5毫米铜丝挂瓦，隔桁加铁瓦拔。底瓦浸泡白灰水。屋脊用草筋灰修复，脊底用1毫米铅皮防水。更换霉烂破损梁架、檩条、桷板，重做辘筒瓦面。剔除更换破损大阶砖。修复破损门窗，缺失百页窗、木门。重砌正立面青砖清水墙，清洗室内墙面，复原草筋灰批荡。增盖室外地面大阶砖，花岗岩石板收边，重铺冷巷花岗石地面。

图1-7 田园别墅
维修前

图1-8 田园别墅
维修后

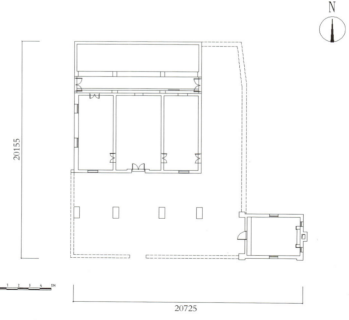

图1-9 田园别墅平面图

图1-10　田园别墅立面图

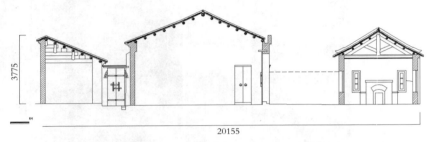

图1-11　田园别墅剖面图

（2）根据当地老人回忆旧景样式重做后厨房。拆除加盖建筑后改的单坡屋顶，降低屋面高度，用直径15厘米的杉木做檩条，用杉木做抬梁式梁架。

（3）对暖房东墙纠偏、加固，重砌正面（西）青砖清水墙，修补有裂缝砖墙。拆除后改的密封木天花，用杉木重做西式透气天花。清理壁炉，疏通烟道，按西式烟囱样式重做烟囱上部。

（4）拆除后加围墙及后加建房屋，拆除后加的落水管和其他管线，清除寄生树，按照原样修补落水管。

（5）整体检查及清理堵塞的室内外排水沟及天沟，疏通排水系统，增加东面、西面两条排水沟。

3. 施工过程中的新发现及处理

施工过程中发现：（1）在铲除主座外墙抹灰后，发现正面原为青砖清水墙，且墙的上檐口有三个方形洞，正立面右侧墙体为后砌红砖混砌墙，上部为青砖，下部为红砖，而东、西、北三面墙为青砖清水墙，草筋灰批荡，面罩乌烟灰；（2）维修主座时，发现正间东侧的后加坡屋面房间地面北部为两层大阶砖，还有一条砖砌排水明沟，其通向厨房冷巷有一条砖砌排水暗沟；（3）工程勘察设计时发现主座室外铺地为碎裂的黏土大阶砖，保留着4个矩形砖柱础空位，而在拆除后加围墙时，又发现8个独立基础和3段条基础，估计均为原有建、构筑物被拆除的遗留基础。

施工单位对所发现的新情况及时通知业主、设计、监理单位，现场研究、分析，统一认识后分别按以下方法处理：（1）东侧的两层大阶砖拆除面层，保留下层，另在下层上重铺一层350毫米×350毫米×35毫米的大阶砖；（2）将原设计的白色批荡墙体，改为青砖清水墙，并按传统工艺恢复三面乌烟灰外墙，且在后厨房外墙留有一块原墙样板；（3）在东侧原排水沟位置重新恢复排水明沟，恢复通向厨房冷巷的砖砌排水暗沟；四是重铺350毫米×350毫米×35毫米大阶砖，把本次工程所发现的旧基础可识别、可逆地全覆盖于地面之下，留待日后详细勘查考究，作为恢复主座入口的重要依据之一。

（二）观星阁修缮工程

观星阁修缮工程与田园别墅修缮工程同期开展，建设单位为珠海唐家湾文化旅游有限公司，设计单位为广州大学建筑设计院，施工单位为浙江省临海市古建筑工程公司，监理单位为珠海市建设工程监理有限公司，2010年5月20日开工，2010年8月18日竣工。

观星阁与田园别墅是共乐园两大核心建筑。观星阁为唐绍仪按照欧洲样式建造的近代私人天文台。其圆形砖墙和钢筋混凝土楼板结构结合巧妙，简洁明了，是民国建筑运用新型材料和结构的典型。其上层为天文台，下层作图书室和小客厅的建筑布局，合理且新颖。根据唐家籍文史专家唐有淦先生披露及多位当地老人回忆证实：二楼天花板原为拱形，绘有猎户、北斗、七宿星座，其天台为圆形，平均6个城垛形砖柱连接着6根圆形锌管，锌管有一条红色垂线相连，方便人们使用六分仪按东西南北各60°对天体进行观测，均于20世纪70年代被毁。由于后人对观星阁原有格局多有改动，1993年维修时，因当时技术水平限制等原因未能按历史原貌恢复。

1. 维修前损毁情况

（1）一楼原为通透门廊，南面中间和两侧均为拱门，后两侧拱门被改为拱窗，中间的正拱门被加装上铁门，成为封闭的室内空间，改变了原有的空间格局。

（2）各层门窗大部分破损、缺失，并有部分改动，受白蚁蛀蚀等原因，部分杉木框和杉木百页已霉烂，表面油漆脱落严重，部分窗玻璃缺失或被改换，门窗的铁制构件大部分已锈蚀。

（3）一层顶板于20世纪90年代后改成钢筋混凝土顶板，北面靠墙部分出现渗漏，天花和墙身均出现抹灰脱落。

（4）门廊地面大阶砖潮湿发霉、碎裂；圆厅大阶砖地面磨损明显，凹凸不平。

（5）一楼水泥楼梯踏步和栏杆均出现脱色，栏杆已出现发霉现象；二楼上天台的楼梯原为木梯，20世纪90年代后改为钢筋混凝土楼梯，与建筑风格不协调且因较陡峭、无防护栏而存在安全隐患。

（6）二楼原拱形天花及天花上的星座图均已被毁，只保留了后改的钢筋混凝土天面板，梁局部露筋、开裂。

（7）屋顶梯屋后加铁门，表面批灰部分崩缺剥落，女儿墙批灰脱色。

（8）天台的天文台结构因日久失修，破损严重，已失去观测功能，后改水泥地面发霉积水，结构交接处出现开裂，凹凸不平，排水沟淤塞。

（9）室外散水出现裂缝。

2. 工程主要内容

（1）地面。保留室内地坪地面完好的大阶砖，磨损碎裂部分按原样式重新订做，门廊按现存样式工字缝重铺，圆厅按现存样式45°斜铺（尖角不对中）。三层天台地面重铺民国流行的大阶砖地面，其中前廊部分工字缝重铺，圆形观星台按原有痕迹做50毫米宽红色水磨石分隔。分隔内用大阶砖磨平成扇形后重铺。

（2）天花。保留一层、二层室内后改钢筋混凝土天花板，局部铲除前

图1-12 观星阁维修前

图1-13 观星阁维修后

廊及圆厅北面渗水发霉的抹灰墙面及天花抹灰，对二层外露钢筋作去锈处理，再涂红丹防锈，最后重新批上水泥砂浆。对局部出现的裂缝进行修补，重新补全抹灰，手工清洗完好的内墙面及天花，最后整体重扫白灰水。

（3）墙体。拆除一层门廊南面后加铁门、四扇后改窗及窗台以下的后砌砖墙，复原一层通气的门廊。清除墙角杂草，对女儿墙局部出现的裂缝、崩缺进行修补，手工清洗完好内墙面及天花板，并重扫白灰水。手工清洗建筑外墙面，局部铲除发霉脱色的外墙批灰，补全草筋灰后，整体重扫灰水。

（4）门窗。拆除三层梯屋后加铁门，重做固定杉木百叶门。二层门廊南面

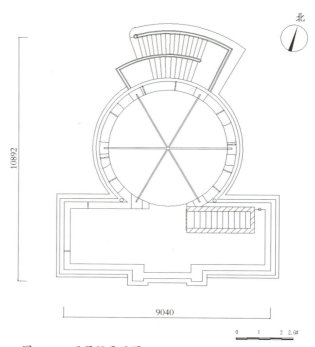

北

图1-14 观星阁平面图

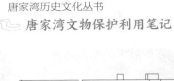

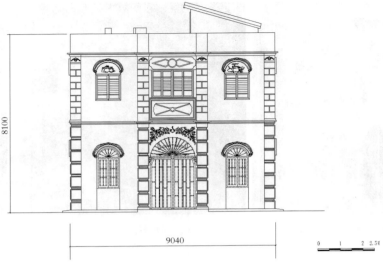

图1-15　观星阁立面图

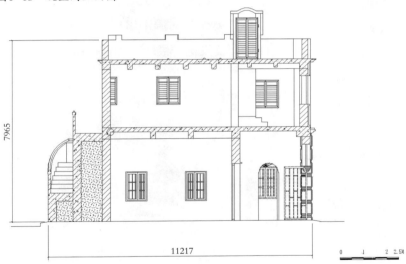

图1-16　观星阁剖面图

正中窗用杉木按当地同时期样式重做四扇活动外百叶窗。所有门、窗完好部分均作脱漆翻新，用杉木更换霉烂木构件，用4毫米厚玻璃更换破损内玻璃窗，再用猪料灰刮平，用砂纸打磨平滑后重油枣红色油漆。清洁门窗铰链锈蚀表面，按原位置安装没有变形和锈烂的铰链，按原样式用同尺寸黄铜铰更换破损铰链。

（5）楼梯。清洗一层楼梯水泥踏步及栏杆，铲除发霉渗水的部分批荡，补全草筋灰，扶手全部重油灰水，保留二层后改的钢筋混凝土楼梯，检查室内渗水的楼梯顶板，迎水面做防水处理后重做面层批荡，按当地民国时期样式增加杉木栏杆。

（6）艺术构件。重做补全崩缺破损的草筋灰饰线：底层15毫米厚的1：2石灰黄泥砂浆，面层15毫米厚的草筋灰，手工清洗饰线和窗顶灰塑表面，最后整体重扫白、黄、红色灰水。

（7）木构件。全部木构件表面喷防白蚁药后，刷桐油两道防腐，入墙部分刷热沥青防腐，着色后，面涂透明阻燃漆。

（8）天面。清理天面杂物，疏通天面原有水沟，三层饰线添加水泥砂浆滴水线。

3. 施工过程中的新发现及处理

施工过程中有以下三处新发现：（1）前廊地面有两层大阶砖；（2）前廊柱上凹槽原为蓝色油漆；（3）墙面为乳白色漆而非米黄色。

施工单位及时通知业主、设计、监理单位，现场研究、分析，统一认识后分别按以下方法处理：（1）对前廊地面的两层大阶砖的上面一层进行拆除，保留下一层并在其上面重铺大阶砖；（2）前廊柱上的凹槽则油回原来的蓝色油漆，原样保留东南角的一条内柱角，不油面漆；（3）墙面颜色则按设计、业主的意见由原设计的米黄色改为白色。建设单位在工程完工后，在观星阁一楼两侧门廊设立共乐园图文展，介绍共乐园历史及观星阁维修情况。

（三）综合保养维护工程

珠海唐家湾文化旅游有限公司管理共乐园期间，对共乐园园貌持续整理，2009年完成田园别墅、观星阁修缮工程，又按历史照片复原茅草石柱三角亭，并对建筑周边铺地、花卉等按传统造园手法进行了局部改造提升。其后，为改善20世纪80年代所建园区残损道路及风格不协调建筑物和园林小品等，珠海唐家湾文化旅游有限公司又于2013年作为建设单位实施共和园综合保养维护工程，以整治园貌。该工程设计单位为佛山市置地建筑设计有限公司，施工单位为浙江省临海市古建筑工程公司，监理单位为珠海市建设工程监理有限公司。2013年7月12日开工，2013年8月20日竣工。

工程主要内容：（1）针对园内水泥路面开裂、变形、沉降严重的问题，清除原水泥路面，按历史资料重新铺150毫米厚级配砂石稳定层，150毫米厚三合土地面；（2）拆除与园林风格严重不协调的后建灵龟池、混凝土六角亭，恢复园林绿化；（3）参照珠海民国风格建筑式样改造位于田园别墅前后期加建作为小卖部的房屋、凉亭；（4）拆除茅草石柱三角亭腐烂亭顶覆盖稻草及部分油毡，修补防水层，防腐处理后重新铺盖仿茅草；（5）清除"莲池九龙寸"原池底的水泥硬化层，夯实后再硬化，做防水层及保护层；（6）田园别墅装配室内配电箱及照明灯具等。

（四）道路保养工程

2015年，为解决20世纪80年代所扩建的进园道路开裂、变形、沉降严重，后期对道路的水泥修补已残损严重，排水沟渠挡石裸露，与园区风格不协调，存在安全隐患等问题，高新区实施唐家共乐园（道路）保养工程。该工程建设单位为珠海国家高新技术产业开发区社会发展局，设计单位为广州匠舍建筑设计咨询有限公司，施工单位为浙江省临海市古建筑工程公司，监理单位为珠海市建设工程监理有限公司。2015年11月20日开工，2015年12月9日完工。

图1-17　进园道路保养前　　　　　图1-18　进园道路保养后

工程主要内容：（1）入口斜坡处路面用麻石全铺；（2）分段拆除旧路，铺设整面淡黄褐色混凝土仿三合土路面，表面扫毛处理，形成粗糙的路面表面构造；（3）道路两侧设人行道，铺设麻石，外侧加设排水暗沟，制作安装麻石水沟盖板；（4）道路设计止点与原路面交接处，向原路延伸2米铺设麻石。

（五）田园别墅前庭院保养维护工程

2018年春节前，高新区为营造良好园区环境以迎接春节，实施田园别墅前庭院保养维护工程。该工程建设单位为珠海高新区（唐家湾镇）文化中心，设计单位为潮州市建筑设计研究院，施工单位为潮州市建筑安装总公司，监理单位为珠海市建设工程监理有限公司。

1．维修前损毁情况

（1）根据现场勘察及1929年的《共乐园游记》等历史资料记载，园内地面原为三合土地面，后改水泥砂浆，且已破烂不堪。

（2）道路后铺水泥砂浆地面，破损严重，两边红砖人字直立砌筑路沿石，存在安全隐患。

（3）院内较多后加石桌椅，摆放杂乱无章；庭院外围花池植物生长杂乱，树池后加块石杂乱围砌，边角锋利，存在安全隐患。

2．工程主要内容

（1）铲除后加水泥砂浆地面，开挖地面覆土，降低高度与周边同齐，平整、夯实地面及垫层，选用仿古新青砖按原方式铺砌道路，复原青砖地面，清理部分风化、破损水泥地面，复原三合土地面。

（2）拆除杂石砌筑的树池，改为青砖砌筑，面盖条石。

（3）拆除后加的石桌椅，只保留一组原有石桌椅重新调平摆放；使用花岗岩重做路沿石，重植花卉。

五、体会思考

我国现存园林多建于明清，民国时期战乱不断，鲜有园林建造，唯岭南相对稳定，又处西风东渐前沿，少数新派园林得以兴建。共乐园堪称其中绝版力作。该园建园迄今100多年，近遗园貌虽不能代表20世纪20年代至抗战前其盛期之状貌，但现存格局与山石大体仍可一窥当年形势之大要。其中以自南门蜿蜒斜上，小径幽幽、古木森森、松竹相映、荔枝成林，苏堤春晓缩龙成寸，奇石古错堆积成阵，还有青砖素瓦的田园别墅、稻草为顶的草石亭等，展现了中国传统士大夫淡泊归隐的情怀。而园之东部，当时罕见的时尚"硬地网球场"、尼泊尔风格的信鸽巢、西式小洋楼私人天文台观星阁，展现了一位清末民初政要对民主和科学的向往之情和不懈追求。园以"共乐"为名，园主自题"开门便任宾客来，看竹何须问主人"一联，更是开宗明义地表达了与民共乐的思想，共乐园始终对唐家村民敞开大门，后来甚至公开无偿捐赠给村民共同拥有，如此精神境界在私人园林史上更是绝无仅有、难能可贵的。

共乐园既有东方的淡泊清幽，又有西方的优雅浪漫，还兼备寄情山水、张扬共乐的人文精神，堪称近代包容私家园林和公园双重意义的岭南园林代表，可谓一个时代的绝唱。故此，共乐园的保护利用一直坚持在深入挖掘其历史原貌及历史文化内涵的基础上进行，努力把握它的真实性和完整性，以不改变文物原状为原则，一丝不苟，避免为追求旅游价值而弱化其本身的历史、科学和艺术价值。除园中所有重要历史建筑的维修、修整都是在专家和正规历史建筑施工队伍的配合下完成外，整体园林的整治更应该经文物保护及园林专家的深入考证及综合研究指导下进行，在材料、格局、风格上保持"四真"，形成一套完整的设计、施工、管理、监督制度。

中国园林是由建筑、山水、花木等组合而成的一个综合艺术品，造园是一门综合性科学，且包含哲理，是以无形之诗情画意，构有形之水石亭台。近年来，虽然对共乐园实施了一系列的保护维修工程，但因为长期以来对共乐园的研究较为薄弱，整体保护规划尚未获得审批颁布，未制定园林整体修复方案等，历史园貌的整体修复还有待实现。尤其田园别墅的前座、观星阁二层原拱形天花和天台原观星构造等均有待继续考究，争取复原。我国当代著名古建筑学家、园林艺术家陈从周先生说："旧园修复，首究园史，详勘现状，情况彻底清楚，对山石建筑等作出年代鉴定，特征所在，然后考虑修缮方案。""正如裱古画接笔反复揣摩，其难有大于创作，必再三推敲，审慎下笔。其施工程序，当以建筑居首，木作领先，水作为辅，大木完工，方可整池、修山、立峰，而补树栽花，有时须穿插行之，最后铺路修墙。油漆悬额，一园乃成，唯待家具之布置矣。"

下一步，我们诚望有更多专家、学者对共乐园加以研究，以便更准确把握共乐园的特点，也期望能够得到社会各界更多的关注与重视。同时，切实推进共乐园的保护、修复工作，并加以合理利用，科学发展，保护其不可再生的原创性，传承其历史价值，使这方历史园林能够更好地焕发时代的风采，发挥应有的作用。

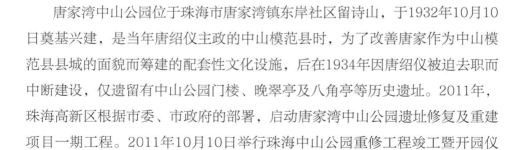

第二节
唐家湾中山公园

唐家湾中山公园位于珠海市唐家湾镇东岸社区留诗山，于1932年10月10日奠基兴建，是当年唐绍仪主政的中山模范县时，为了改善唐家作为中山模范县县城的面貌而筹建的配套性文化设施，后在1934年因唐绍仪被迫去职而中断建设，仅遗留有中山公园门楼、晚翠亭及八角亭等历史遗址。2011年，珠海高新区根据市委、市政府的部署，启动唐家湾中山公园遗址修复及重建项目一期工程。2011年10月10日举行珠海中山公园重修工程竣工暨开园仪式，为珠海市纪念辛亥革命100周年的重要活动。

一、中山模范县建造留思山中山公园情况

1929年2月，南京国民政府第19次国务会议核准改中山县为全国模范

县。为了推进中山模范县的建设，中山县县长黄居素于1930年建议开辟六区唐家乡为中山港，即在孙中山故乡附近的唐家环（后改名唐家湾）筹建一个无税国际口岸，并决定把县政府搬往唐家乡。是年，黄居素带领中山县建设局局长陈丘山、园艺师孔宇平等人考察了留狮山附近地区，认为这里"风景优美，树木葱茏，左有海岸环抱，东接唐家环，西望总理故居，形势天成，规模宏壮，以之建立中山公园，庶可名实相副"，于是"特提议指定留狮山为中山公园"，改山名为"留思山"（1981年改现名留诗山），寓意思念孙中山之意。为此，黄居素主持筹划建设一个功能完善的综合性公园，并开辟贯通全山的道路。

1931年3月，唐绍仪兼任中山模范县县长之职，致力于中山模范县的各项建设，加快建设中山港，继续建造中山公园，并修筑中山公园路衔接往来新市区的路线。几经努力，终于在1932年10月10日中山港开埠的同时举行了中山公园的奠基典礼。

1933年，唐绍仪又亲自请议，主持会议，筹措资金，实施了中山公园奠基后的一期工程。该工程包括整理和增修了贯通全山的道路，新修了公园的头门、甲乙两种凉亭（甲亭为晚翠亭，乙亭为八角亭）以及工人住屋。

但由于广东省政府主席陈济棠担心唐绍仪把中山模范县建成"独立王国"，于1934年10月7日唆使中山县兵哗变，迫使唐绍仪下台去职，使中山县政府又从唐家乡迁返石岐，中山港建设规划变成泡影，建设中的中山公园亦遭停建。

二、中山公园遗址修复及重建工程建设情况

2011年2月，在珠海市政协七届五次会议期间，政协代表提议对唐家湾中山公园进行修复建设，作为珠海市纪念孙中山先生和辛亥革命100周年的独具历史意义的场所，并计划于2011年10月举行开园仪式，作为珠海市纪念辛亥革命100周年的重要活动。该议案得到市委、市政府的高度重视和充分肯定。

为此，珠海高新区委、区管委会按照市委、市政府的部署，拨出专款500万元开展中山公园遗址修复及重建项目一期工程（其中，中山公园复建400万元，道路等环境配套建设100万元）。同时，珠海市文体旅游局亦下拨文化专项资金100万元，用于文化内涵的挖掘和文化展示。

该项目由珠海高新区社会发展局负责建设，并委托珠海唐家湾文化旅游有限公司具体实施。从2011年3月至2011年6月完成建设项目的立项、工程勘察、工程设计和招投标工作。2011年6月中旬正式开工建设，2011年10月10日竣工并举行开园仪式。

珠海唐家湾中山公园修复工程十分注重历史文化内涵的挖掘和考究，对中山公园原有的道路、遗留建筑、历史遗址进行深入的考证和勘察，其修复方案经邀请省市专家进行反复论证后确定。新的中山公园实行总体规划，分期建设。第一期建设集中在面积8万平方米的留诗山区域。该项目注重自然景观与历史文化相互辉映，以打造珠海靓丽的历史文化旅游景区为目标，让市民和游客在休闲和观赏美景的同时去感受历史的沧桑，接受优秀传统文化和爱国主义教育。主要建设内容有：重点修复晚翠亭、八角亭两个建筑遗存，1千米山上步道以及相接形成回环的900米环山路，公园入口广场和公园8个文化节点（即公园八景），同时对公园周边环境进行整治，加建停车场等配套设施。

中山公园8个文化节点为"中山门阙""盘石古榕""云台观澜""九委襄政""留思夕照""金星怀古""八方安和""竹海听涛"。其中"云台观澜"位于留诗山次高点，筑有多重圆形石台遗址，传为当年建设者登高望远、舒畅胸怀、思念孙中山之台；"九委襄政"位于留思山中段山坳开阔地带，四周数棵水蒲桃树错落有致，遮天蔽日，还有九块石座环绕一块巨石而置，与9位训政实施委员数字相符，传为九委员曾经临时议事之处；"留思夕照"是唐家八景之一，晚翠亭遗留建筑位于此，此处为留诗山最高点，亭按原状修复，亭外北侧增设"唐家八景"（即鹅峰旭日、环海归帆、釜涌晚眺、龙岗归牧、留思夕照、龙潭飞瀑、叠石奇观、名泉石虎）线描石刻图画展示，亭内增设原有"振兴国货"瓦当石刻模型展示；"金星怀古"处有一小平台，站在平台上可远眺金星门、淇澳岛，发思古之幽情，回想当年建设者，立志富民强国的爱国豪情，更加不忘初心奋发有为；"八方安和"隐于一片竹林和参天大树之中，八角亭建筑遗存位于此，该亭是为满足乡民遮挡风雨的需要而建，反映了修建者满怀爱民之心，寓意中国人民"生活安和"。此外，经过历史考证后，还在中山公园南门广场树立孙中山先生铜像，并在南门广场、"九委襄政"和"八方安和"3个景点中建有景墙，设珠海与辛亥革命、中山模范县纪事、中山公园建设等3个专题展览，同时，沿山路还放置了十多块歌咏唐家湾地区的古诗词石刻。

三、文物维修实施情况

（一）晚翠亭

晚翠亭位于唐家湾镇东岸村留诗山山顶，始建于民国二十二年（1933），正方形，亭高6米，建筑占地面积39.7平方米。为钢筋混凝土结构，四周十二柱，中四柱，四角攒尖顶，绿色琉璃瓦，瓦当上有"振兴国货"字样，其结构、线条带有明显的民国时期建筑造型特征。维修前该亭已岌岌可危，钢筋混凝土屋面多处钢筋锈蚀爆裂，结构柱被人剥离混凝土面层，盗走钢筋，并有两条柱被打断。四周座凳部分被破坏或残损，"美人靠"已不存。

晚翠亭修复工程按建筑钢筋混凝

图1-19　晚翠亭维修前

图1-20 晚翠亭维修后

土结构原状复原，主要重盖屋面筒瓦，重做砂浆板瓦造型瓦坑，修复复原屋面板底水泥砂浆面层；修复复原方柱柱头、柱脚、柱身造型线条；修复钢筋混凝土结构座凳，修复"美人靠"；修复亭内三合土地面等。又清理亭四周树木杂草，留下高度2米以上的树木和造型较好的藤条，疏通视线，让人能极目远眺水天一色景象。亭外地坪设三合土面，分别设碑座介绍"唐家八景"以及中山公园门楼和晚翠亭屋面瓦当中文字"振兴国货"的含意和特殊背景。

修缮后，晚翠亭于2011年11月被公布为珠海高新区不可移动文物，2012年7月

图1-21 晚翠亭屋面瓦当

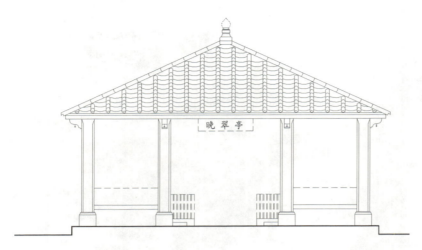

图1-20　晚翠亭立面图

被公布为珠海市不可移动文物。

（二）八角亭

八角亭为1933年所建中山公园乙亭，钢筋混凝土结构，四周十二条红砖柱，中间砌红砖墙体可挡风雨，四角攒尖顶，水泥砂浆屋面。该亭建筑形制在珠海较为少见，有较高建筑研究价值。

图1-21　八角亭维修前

图1-22 八角亭维修后

该亭当时临海而建，以满足乡民遮蔽风雨的需要。维修前，该亭四周被杂乱、茂密树木和修竹包围，屋面结构危在旦夕，屋面多处钢筋锈蚀爆裂，屋面板开裂、变形，东南角屋面板已塌毁，砖柱已倒塌三条，部分砖柱倾斜，四周栏杆被破坏而不存。

八角亭重修主要重建钢筋混凝土结构屋面，屋面用水泥砂浆找平，加做防水层；按原状采用红砖砌筑砖柱、墙体，砖墙面修复、加固，面层以贝灰砂浆保护，复原墙身装饰线条；修复、复原柱头、柱脚装饰；重做钢筋混凝土结构栏杆；修复复原亭内三合土地面。又清理亭四周树木杂草，留下高度2米以上的树木和造型较好的藤条，疏通视线，亭外地坪铺三合土地面，建造展示中山公园当年建设有关的历史资料的景墙，打造"八方安和"文化节点。

（三）山道

据当地老人回忆，原有东、南、北三条道路通往山顶晚翠亭，由于年久失修，在2011年4月勘测设计时，东、北两条山路已不可寻，南面经砍伐灌木重新开路，觅得20多级台阶，为20世纪30年代所建山道遗存。复建工程中考虑到山道大多较陡，新建山道以铺设石阶为主，方便游人行走。石阶材

料及样式选择注重与山门、晚翠
亭、八角亭等古建筑相谐调，且符
合20世纪30年代的建筑特色，选
用石面为粗面，厚度为10—13厘
米。为更贴近历史原貌，在比较平
顺的山道铺设厚度为10厘米、按
传统配比的三合土道路。

图1-23　山道修建前

　　2011年10月10日，珠海中山
公园重修工程竣工开园后，因其独
特的历史底蕴及优美的自然环境，一时成为旅游热点。公园由珠海高华市政
综合管理有限公司进行管养。2020年，珠海市启动珠海中山公园二期建设。

图1-24　山道修建后

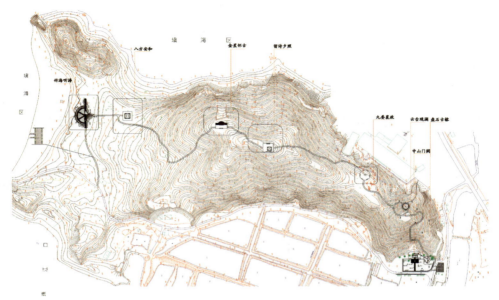

图1-25 珠海中山公园（一期）平面图

附

重修中山公园记

百年辛亥，醒世民而济苍生；武昌首义，灭帝制而起共和。风雨苍黄，怀中山之心日切；沧桑正道，修公园之议渐起。辛卯初春，纳提案重建之策，筹谋规划；各界垂询，得政府巨款之资，功成晚秋。新园钟灵，一山浩气，八景俱备，作文记之。

公元一九二九，中山履模范之先驱，改革县治；国民政府议决，绍仪践总理之训政，直隶中央。自治之肇，迁县址于唐家环；商埠之谋，建良港于金星门。外则移香港之商务，继逸仙之志；内则通西南之货源，谋富民之途。配套中山公园，模范县之规划，惠民生于民众；筹措无税口岸，中山港之谋猷，求强盛于寰宇。

公元一九三二，开埠庆典与公园奠基于双十；岭南边隅腾瑞，群众联欢与贤达同庆于唐家。历五年之艰辛，商港可成；尽同心之戮力，亭园可期。然唐家兵变，顿失图强之机；惜工程中断，遂成禾黍之叹。呜呼！晚翠遗址，振兴国货之忆；八角亭台，实业救国之证。

春天故事，圈特区于南粤；重缮公园，构景点于盛世。中山门阙，革命神韵荡于岭表；盘石古榕，几许沧桑绕于山麓。八方安和，求祥瑞于海畔；九委襄政，谋发展于林间。云台观澜，瞻海天之苍茫；金星怀古，感先辈之激壮。留思夕照，升晚霞之袅袅，莺鸥暖树；竹海听涛，降热浪之沁沁，海风俊爽。

至若丽天和日，拾级蜿逦，登临品景，自醉流连。山色浩荡，美茂林之纷翠；曲径回递，观烟岚之沉浮。旭日东升，临海遥瞩，总理故居弗远；夕照迷离，倚栏凝眄，唐家古镇依稀。俯视金星，引抗英之壮怀；远眺淇澳，追兆征之伟岸。或而静息洁心，浴云霞而忘归；啸歌展膀，醉丘壑而犹欢。噫吁乎！中山公园，俯仰岁月之所；留思丘岭，缅念先贤之境。

抚今思昔，怀百年家国之英豪，青史铭勒；一园新开，藉三十特区之硕果，与民同乐。

是为记。

公元二〇一一年秋

【 第 二 章 】

古 村 落

第一节　会同古村的保护活化利用实践

第二节　乡村振兴视域下的会同古村保护活化利用思考

第一节

会同古村的保护活化利用实践

会同村位于珠海市唐家湾镇西南，地处凤凰山脉北部，村落依山而建，三面青山环抱，村前平坦开阔，荷塘波光潋滟，成"背山面水"之势。村中古榕婆娑，桄榔参天，樟树和木棉在村间洒满绿荫。碉楼与祠堂相依而建，"三街八巷"，横直成行，青砖灰瓦院落如棋子规整镶嵌其间。历经风雨的社坛与门坊古韵犹存，"北环紫极""南控沧溟"的碑刻，"风起""云飞"的题字，展现出先辈们的志向和胆略，彰显岭南文化的魅力。多年来珠海各级政府和社会各界高度重视会同古村的保护，珠海高新区更是以10年"绣花功夫"，开展会同古村的保护、发展工作，近年又科学谋划乡村振兴工作，统筹乡村振兴和城市发展，优化公共文化服务。如今的会同村赋予了"大学小镇"新的内涵，会同艺术节品牌活动彰显时代特色，古村唱响新歌，焕发新机，独特的艺术气息吸引八方游客。会同美景今朝更胜昔年，未来更值期待。

一、历史沿革

会同村于明朝立村。清雍正壬子年间（1732），莫、鲍、谭三姓迁居于此，重建村落。为人熟知的会同村人莫仕扬、莫藻泉、莫干生祖孙三代在香港经营太古洋行60年，从事近代航运、造船、制糖、制漆、保险、对外贸易、房地产等行业，为香港的早期开发和建设作出过重要的贡献。为人称道的是富裕起来的莫氏宗亲不忘祖典，乡梓情深，莫氏家族援引近千乡人外出创业谋生，又在经营中将西方物质文明成果介绍到中国来，促进内地经济的

图2-1 2013年，唐家湾镇入选第一组《中国古镇》特种纪念邮票，邮票上的景色为会同古村的祠堂及碉楼

发展，同时为家乡修桥、铺路、建祠堂、办义校、加强安防，让会同村人在20世纪20年代就用上电灯、看上电影，被誉为"模范乡"。

会同村是珠海市内保存最完整的传统广府村落，先后被评定为"广东省古村落""广东省传统村落"。进入新世纪，会同村周边有北京理工大学珠海学院、北京师范大学珠海分校、北京师范大学-香港浸会大学联合国际学院（UIC）3所高校相继落户。经过多年的古村保护与发展和乡村振兴的工作推进，会同社区与周边的3所高校深入融合发展，抓住国家提出大力实施乡村振兴战略的发展机遇，整体村庄规划在延续历史古韵的基础上利用优越的自然人文和区位资源，初步形成村中有校、校中有村的"大学小镇"新格局，逐渐成为岭南古村与"大学小镇"相融合的文化旅游新地标，诗意栖息地更加美名远播。2019年9月，"长南迳古驿道—大学小镇—会同古村"列入"广东省乡村精品旅游线路"名单。2020年9月，会同村获中共广东省委农村工作办公室、省农业厅、省广播电视台共同主办的《乡村振兴大擂台》

"五强村"。2020年10月，会同祠等古建筑活化利用项目被评为2020年度广东文物古迹活化利用典型案例。

二、村落特点

"前面一条塘，二闸围一乡；一间祠堂三塔上，左边门阁似牌坊，右边瓦窑真排场；花儿果子喷鼻香，人人行过都旺相，真系会同村仔好村场。"这是民国时期流传于当地的一首称赞会同村的民谣，生动地描绘了会同村的风貌。会同村坐东向西，地势东高西低，东、南、北三面环山，西面平坦开阔，筑有一荷塘，整个村落显背山面水之势。其村落选址隐幽，村中古树森然，终年洒绿，先抑后扬的空间引导暗合中国传统的诗意追求，亦体现中国传统村落风水勘舆理念。

会同村整个村落布局体现岭南传统村落的梳式布局特点，"三街八巷"格局特色明显：祠堂等公共建筑都是集中排列在村前，民居在公共建筑之后，"三街"依次为村内沿荷花塘由北向南的下横街、与之平行依山势渐高的中横街和上横街，"八巷"则为八条东西向的石街小巷。"八巷"自下而上顺山势连接三条主街，"三街八巷"互相垂直交错，构成方正规矩的"棋盘式"空间组织架构。

会同村的建筑大约可分成四类，第一类为建村初期，利用夯土墙来建造的房屋；第二类是兴盛时期即光绪年间，留下来的青砖灰瓦的大房子，现在留下来的古房子大多是这些；第三类是20世纪二三十年代建造的小洋房，缉庐是其中的代表；第四类为改

图2-2　20世纪20年代的会同村下横街中部

图2-3 20世纪20年代会同村下横街南部

革开放后建的普通的钢筋水泥的房子。除此之外,在荷花塘边上,会同村还有一片统一规划建设的漂亮中式风格楼房,是政府委托华南理工大学设计并补贴村民建造的。新村在村民新宅基地上建设,采用了"三个统一"模式,即统一规划、统一设计、统一建设,是珠海首个村民建房示范点。每栋限高12米(三层半),占地120平方米,总建筑面积不超过400平方米。在外墙风貌上与古村的青砖灰瓦形成一致,在布局上也与古村的"三街八巷"工整对仗,浑然一体。2018年2月,会同祠及古建筑群(含会同祠、调梅祠、莫氏大宗祠、北碉楼、南碉楼、北闸门、南闸门)由珠海市人民政府公布为第七批珠海市文物保护单位。

三、保护活化

会同古村因其独特古韵,其保护早在20世纪90年代已得到社会各界的关注。2006年4月,会同古村(含会同祠、调梅祠、莫氏大宗祠、南北碉楼、栖霞仙馆)被珠海市香洲区公布为区级文物保护单位。珠海高新区与唐家湾镇实施区镇合一体制改革后,珠海高新区于2009年初以区属文化旅游公司

图2-4　20世纪初会同村前建筑

（以下称文旅公司）正式启动会同村保护利用开发工作。同年7月，文旅公司完成会同村前"两碉三祠"古建筑的整理工作，并设立会同村史馆。同年11月，文旅公司与会同经济合作社签订协议，会同村内所有祠堂、碉楼等特色建筑、古街巷、古树名木及荷花塘等村集体公共资源归文旅公司管理使用。文旅公司编制《会同村旅游开发规划方案》及《会同村前建筑保护维修设计方案》，启动会同景区一期建设，完成了北碉楼保护修缮，重新开挖荷花塘并种植荷花，清理村口区域并建设会同驿站，完成停车场的填土等工程。

2012年起，高新区持续开展会同村保护活化利用工作。

（一）会同村一期修缮工程

2012年，为贯彻《关于打造名镇名村示范村带动农村宜居建设的意见》的文件要求，由高新区建设局牵头，区属文旅公司具体承建，高新区开展会同村一期修缮工程。该工程的重点为恢复荷花塘、村前条石路、村前广场，修复村入口石桥、北闸门遗址区，新修建停车场、景观墙。旨在尽力还原当年风清月白、荷动秋风、古树参天、青砖灰瓦的岭南古村美景。该工程设计单位为佛山市置地建筑设计有限公司，施工单位为潮州市建筑安装总公司，

图2-5　20世纪初会同村被填埋的荷花塘

图2-6　2013年会同村貌

监理单位为珠海市建设工程监理有限公司，2013年4月30日完工。

1. 维修前损毁情况

（1）荷花塘驳岸砌筑方式后改，局部形状不规则、过渡不平滑，岸上生长杂草，塘中水体流动不畅。

（2）村入口石板桥后改水泥地面，植物杂生，铁栏杆残缺，桥下枯枝堆积，排水不畅。

（3）祠堂前空地部分后改水泥混凝土路，路边布满电线杆，部分则为空置沙石路面，路中有裸露排水沟，杂草丛生。

（4）画家原创基地外沿建筑物与村落之间无过渡、无遮挡，视线杂乱。

（5）北闸门及周边青砖地面残损，长有杂草、青苔，环境杂乱。

（6）村北面入口处广告牌杂乱，缺乏安全设置与照明设施。

2. 工程主要内容

（1）进一步开挖被堵原有荷花塘区，修整荷花塘局部不规则形状的驳岸，清理驳岸上的杂草植物。按原有砌筑规则用长条方块石干摆叠砌风格重砌复原荷花塘驳岸。修整荷花塘中心岛，塘内种植荷花，驳岸种植阴生植物。疏通荷花塘北面的入水口和南面的两个排水涵洞，使荷塘内水体流动，在靠近广场一侧的驳岸降低地坪标高后，增设灰色广场砖铺筑的观荷步道和条石栏杆。

（2）恢复入村石板桥，按原样式修复铁栏杆残缺的部分，疏通桥下孔洞，修整其周边植物。

（3）凿除祠堂等古建筑前现有与古村落不协调的水泥混凝土路，按岭南古村风格铺砌条石路面。拆除从莫氏大宗祠至南硐楼路面的电线杆，实施三线下地并按照明要求设置路灯。

（4）祠堂前地坪以原排水沟为界分为两部分，南面区域种植宫粉紫荆林。原状保留林前矮夯土墙，夯土墙前种植以蕨类为主的植被并设路沿石，广场种植本地大叶油草，广场中铺设席纹青砖小道通向荷花池，与古村相配。开挖修整原排水沟，面铺条石、金钱眼落水口，强化排水能力。

（5）于画家原创基地外沿建筑物增砌民国风格的景观墙，外沿与景观墙之间种植青竹，地面铺设三合土。

（6）对北闸门青砖地面作局部修整处理，清除青砖上的杂草、青苔，整理青砖道路两边环境，对社公坛周边环境进行整治。

（7）村入口外停车场按一般停车场修建，面层用植草砖铺砌，停车位之间种植树木以作分隔，使其与周边环境相协调。

（8）清除会同村北面入口处广告牌，统一制作布设；入口处设置仿古样式保安亭，青砖墙体，辘筒瓦屋面，木构架进行防虫、防腐、油漆处理。

该工程实施后，会同古村整体风貌得到质的改善，奠定了古村落保护利用的基本框架。随后，高新区以驿道建设的方式完成中横街、上横街石板路铺设，又以美丽乡村建设的方式重新铺设"八巷"地面，使"三街八巷"格局进一步显现。

（二）会同古村文物的活化利用

会同村有会同村前建筑群（包括两闸、两碉、三祠）1处珠海市文物保护单位，栖霞仙馆1处区级文物保护单位和会同莫氏大宅、会同缉庐、缉卿亭、单孔桥等4处珠海市不可移动文物。多年来，高新区以会同村为主要实施地努力探索文物保护与活化利用的相融共赢之路。

1. 北碉楼修缮工程

北碉楼位于会同村下横街5号，建于民国七年（1918），坐东南向西北，长6.3米，宽5.4米，总建筑面积约146.6平方米，碉楼呈长方形，高四层半，四周设射击孔，开窗户，四楼设半圆形瞭望台，木梯直通顶楼，正面镶嵌"云飞"石刻，镶嵌两面铁钟。北碉楼属于更楼，主要是防御功能，当年配备了发电机和探照灯，监测着周边的环境，担负着保卫村庄的责任。

北碉楼修缮工程建设单位为珠海市唐家湾文化旅游有限公司，设计单位为广州大学建筑设计研究院，施工单位为浙江省临海市古建筑工程公司，监理单位为珠海市建设工程监理有限公司。2010年12月28日开工，2011年3月28日完工。

维修前损毁情况：

（1）外墙后期多次涂抹，有裂缝；露台梁筋外露、缺损，存在安全隐患。

（2）内墙脱漆；地面大阶砖残损；天花部分发霉、空鼓、脱皮、开裂，部分杉木檩条腐朽。

（3）窗扇配件缺失，油漆脱落，黑色铁窗缺失。

（4）后改木楼梯残破不能使用，后加建的铁门及天面门洞砌砖与建筑风格不协调。

（5）排水系统不完备，散水缺失，防雷设施、内外电设施老旧。

工程主要内容：

（1）拆除首层左侧后加铁门，天面门洞砌砖，后修改木楼梯和原一、二层地面大阶砖，重做铁门、楼梯，用丝缝工艺重新铺设各层地面大阶砖，更换部分杉木檩条。

（2）铲除内墙原发霉脱皮灰水，对脱漆、裂缝修补后刷白色灰水。

（3）加固露台，重铺露台大阶砖，做防水、排水沟。

（4）修补脱漆、破损门窗，重做缺失门窗，更换普通白玻窗扇、铜五金配件，油棕红色调和漆，一、二层铁窗油黑色油漆。

（5）铲除外墙后涂抹层，修补裂缝，刷米黄色灰水，重

图2-7　20世纪20年代的北碉楼

图2-8 北碉楼维修前

配脱落缺失陶瓷饰线。

（6）重铺花岗石散水，重装室内外电设施等。

（7）于修缮后的碉楼内设立碉楼图文展。

图2-9 北碉楼维修后

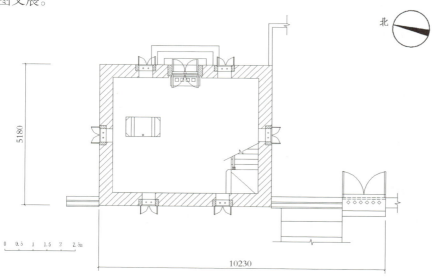

北

5180

10230

0 0.5 1 1.5 2 2.5m

图2-10 北碉楼一层平面图

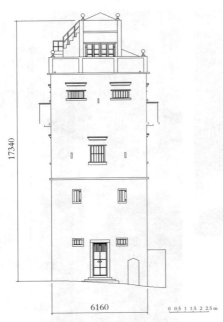

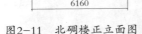

图2-11　北碉楼正立面图

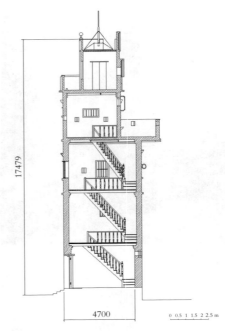

图2-12　北碉楼剖面图

2. 莫氏大宗祠修缮工程

莫氏大宗祠位于会同村下横街6号。建于清代，坐东南向西北。由主座和左厢房组成。总面宽18.43米，总进深45.4米，总建筑面积约836.7平方米。主座面阔三间，三进夹两天井。硬山顶，青砖墙，灰瓦面，抬梁与穿斗混合木构架。地铺大阶砖，石柱础，木柱石柱并用，有木雕、石雕、灰塑和壁画等装饰。会同莫氏大宗祠保留了珠江三角洲地区传统祠堂的建筑风格，具有一定的建筑艺术与历史人文价值。莫氏大宗祠是会同村莫姓村民祭祖议事之所，民国时期曾作为中山下栅乡十八保国民学校。2008年，由高新区对该祠堂进行了整理，拆除后人因使用功能而增加的建筑物，修缮后作为会同村村史馆场所，于2009年7月建成开馆，是珠海市第一个村史馆。此后，莫氏大宗祠进行过两次大修。

其一，2015年莫氏大宗祠修缮工程。

2015年，高新区启动主要内容为恢复左厢房前座整体结构，局部修复左厢房中座、后座残损地面、门窗和墙体，以及主座屋面检漏的莫氏大宗祠修缮工程，建设单位为珠海高新区社会发展局，设计单位为潮州市建筑设计院，施工单位为潮州市建筑安装总公司，监理单位为珠海市建设工程监理有限公司。2015年12月28日开工，2016年3月16日完工。

维修前损毁情况：

（1）左厢房破损严重，墙体后改加高，后开窗洞，后用红砖封堵。门洞后改与原有门框石不符，木门框缺失，木门霉烂，油漆老化、脱落。窗洞破损，部分窗扇缺失，配件锈蚀、缺失，木梁严重霉烂、开裂、破损，危及结构安全。左厢房前座由于曾被作为厨房，正脊、垂脊与屋面木结构及原有红阶砖、条石地面均缺失，瓦屋面被改为铁皮棚顶，地面被改为水泥砂浆或青砖填补。后座墙体局部破损、开裂，开裂宽度最大超过5厘米，严重危及结构安全，墙基受潮、霉烂，长满苔藓，排水系统堵塞，排水口缺失。

（2）主座屋面所有檐口均存在不同程度的下滑、破损，辘筒风化严重，檐口瓦片随时有掉落的危险。二进连廊屋面长有两棵从屋面沿墙体延伸到地面的植物，对屋面及墙体结构造成严重的影响。主座一进连廊与二进博风墙开裂、破损，墙下木梁霉烂，开裂，严重影响连廊结构安全，随时有断裂危险；墙面后开墙洞。

工程主要内容：

（1）拆除左厢房后加建厨房，后加的红砖墙体、砂浆门洞、铁皮屋面、水泥砂浆地面和后改建的屋脊，拆除后开用红砖封堵的墙洞，复原青砖墙体，修复、加固开裂严重墙体。按照传统工艺、用杉木重做左厢房前座屋面木檩条、桷板、飞橡、木雕封檐板，揭屋面瓦件，拆除更换后座霉烂的檩条、桷板。铲除水泥砂浆地面，按传统材料、尺寸、工艺恢复原有红阶砖、条石地面。将砂浆门洞复原为原有花岗岩石门框，按传统工艺、原尺寸、用菠萝格木重做恢复木门框、木门和门构件。

（2）从主座檐口向内延伸1.5米处、瓦顶与正脊接口向前后屋面延伸50厘米处和左厢房前座进行揭瓦重盖，清除连廊屋面植物并从外侧檐口向内延伸1米进行检漏，按传统工艺、材料复原辘筒瓦屋面，用菠萝格木对飞椽进行修复更换。按原砌法封堵后开墙洞、后开窗户，恢复青砖墙体，清洗、清理墙面底层批灰、苔藓；铲除水泥砂浆地面，按传统材料、尺寸、工艺复原原有红阶砖地面、条石地面、三合土地面；重做右山墙木门，用钢箍及牛腿支撑加固下垂木梁，修复、加固破损窗洞；更换的木件均作防腐处理，采用铬化砷酸铜（CCA）类水溶液防腐剂，梁柱防蚁用除虫菊脂类生物制剂，刷生桐油一遍，熟桐油两遍，面漆按宗祠现有颜色用传统做法进行调色；重做天井排水系统，重做排水口，恢复排水。

修缮后的莫氏大宗祠符合安全使用条件，继续作为会同村村史馆场所免费开放使用。

其二，2018年莫氏大宗祠主座修缮工程。

2018年，珠海高新区启动莫氏大宗祠主座修缮工程，建设单位为珠海高新区（唐家湾镇）文化中心，设计单位为潮州市建筑设计院，施工单位为潮州市建筑安装总公司，监理单位为珠海市建设工程监理有限公司，2018年8月18日开工，2018年9月26日竣工。

维修前损毁情况：

（1）地面红阶砖局部断裂、破损，有青苔污垢。

（2）墙体部分开裂、倾斜、受潮，三进后墙从墙中段开始至檐口段墙体向外倾斜，最大位移值已达到8厘米，存在安全隐患。有青苔、污垢、霉迹，局部后开窗洞。

（3）屋面辘筒断脱、下滑严重，裹灰风化；檩条、桷板、飞椽受潮、霉烂，油漆老化脱落；正脊、垂脊及墙身灰塑风化严重，博古部分破损、脱落，彩画被局部覆盖。

（4）局部木结构开裂，一进连廊后横梁霉烂破损严重，木屏门、花罩、木雕、花格窗缺失，檐口板大部分缺失。

（5）排水系统被沙土堵塞，外排水系统不畅。

工程主要内容：

（1）清理、清洗条石地面、花岗岩台阶，调平处理部分条石，扶正归位台阶抱鼓石，拆除地面后补水泥砂浆，用同材质同颜色红阶砖更换严重破损部分，重新疏通排水系统；考虑二进为宴席、学习等多种活动举办的场所，故本次维修对地面阶砖进行全面掀起拆除重铺，用同材质同颜色红阶砖进行全面更换重铺。

（2）采用传统工艺清理、清洗内外墙面，铲除灰浆层及霉迹青苔等，用旧青砖剔补修复后开窗洞、墙洞，对倾斜超过7‰的后墙进行墙体整体纠偏，清洗石柱及石柱础面层污垢及锈迹。

（3）用传统工艺修复梁头、横梁、金柱，用铁箍加固开裂严重梁柱，用菠萝格木更换已腐朽的横梁。

（4）2016年祠堂维修时，对主座一进、二进、三进屋面檐口及正脊瓦顶进行揭瓦检漏，对一进连廊、二进连廊进行检漏，未对屋面进行整体维修。本次维修经现场勘察及全面检查，针对祠堂主座屋面暂不存在漏水现象，但屋面辘筒裹灰面层风化严重，根据项目实际情况及建设单位要求，决定此次维修屋面暂不进行揭瓦重盖，保存屋面基本现状，整体进行喷水检漏，存在漏水的进行补漏处理，用贝灰砂浆重新辘筒，面层乌烟罩面；按原尺寸、原工艺、对屋面木檩条、桷板、飞椽等腐朽、开裂的木结构进行更换或修复。

（5）修复杉木大门及木门框。根据现场痕迹、周边同时期祠堂建筑及村内老人回忆，一进和二进后檐原为实木木屏门，上部为花格窗，三进明间后檐金柱间为落地花罩，攀间梁上部为镂空。本次维修用菠萝格木按原尺寸参照仅剩部分重做复原一进木屏门、门框、上部花格窗和木雕雀替，用杉木重做木雕檐口板，参照现存及周边同时期祠堂建筑样式修复石柱上部石挑头，扶正归位雀替。

（6）清理彩画面层灰浆层，清理正脊、垂脊面层污垢青苔，按传统工艺修复屋脊灰塑图案，经现场勘察发现一进、二进连廊博古唇脊中，跨肚板位置原造型无灰塑图案，仅为灰塑线框，按传统工艺修复唇脊及唇脊博古。

（7）疏通天井排水口，恢复原有排水系统，从祠堂右侧空地沿二进右

图2-13 莫氏大宗祠外部（2008年）

山墙前端开始至三进右山墙后端新做一排水明沟，雨水引流至右侧村内排水管道。

会同莫氏大宗祠完成全面修缮后，对其内的会同村史馆也进行陈展升级工作，于2019年1月20日正式对外重新开放。升级后的会同村史馆通过"会同村概貌""买办家族""香山文化缩影""莫氏翘楚""今日会同"五部分介绍会同村形成与

图2-14 莫氏大宗祠外部（2019年）

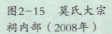

图2-15 莫氏大宗祠内部（2008年）

图2-16 莫氏大宗祠内部（2019年）

发展的历史，运用文字、图片、实物、文物、音像等多种陈列形式，辅以多媒体数字化手段，全方位展示会同村的精彩。同时首次披露有关养云山馆秀山书室的文人雅集、民国十三年（1924）会同电影纪录片、岐关公路有限公司总结册、中山区农林试验场等史料。

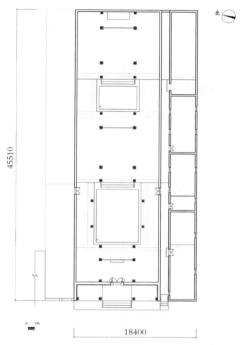

图2-17 莫氏大宗祠平面图

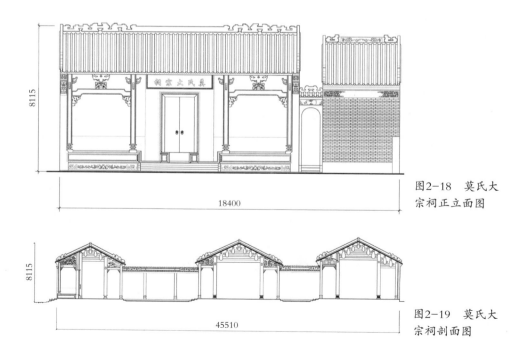

图2-18 莫氏大宗祠正立面图

图2-19 莫氏大宗祠剖面图

3. 南、北闸门修缮工程

南、北闸门采用了传统的防盗、防匪设计样式，守护着村落的安定繁华，见证着村落历史的变迁，是研究门坊建筑历史的重要遗存。北闸门嵌"北环紫极"与南闸门"南控沧溟"形成南北对应，威严耸立。

北闸门位于会同村北面村口，建于清代，坐南向北，门宽1.88米，门高3米，门坊高4.3米，占地面积约7平方米，门檐下有彩画，墙上开射击口。门两旁是三合土围墙，左边残存围墙长5.24米，高3.25米，右边残存围墙长7.78米，高2至3.7米。

南闸门位于会同村南面村口，建于清代，坐东北向西南，门高3.05米，宽1.81米，门坊高4.08米，占地面积约6平方米，门檐下有彩画，墙上开射击口。门两旁是三合土围墙，左边残存围墙长6.5米，高1.6米，右边残存围墙长2.67米，高3.68米。

南、北闸门互为照应，为进村主入口，是会同古村的重要"门面"。2016年，南北闸门同时修缮。建设单位为珠海唐家湾文化旅游有限公司，设计单位为广州大学建筑设计研究院，施工单位为潮州市建筑安装总公司，监理单位为珠海市建设工程监理有限公司，2016年1月8日开工，2016年3月7日完工。

维修前损毁情况：

两闸门墙体均崩缺及风化严重，有随时倒塌的危险，北闸门出现通墙裂缝尤为严重，南门楼已向北倾斜3°，墙顶长满杂草、生有青苔，墙体下部风化严重。

工程主要内容：

（1）清除长满南北闸门墙顶的杂草、青苔及爬藤植物，墙面松散土体和附墙植物。

（2）对南闸门进行墙体纠偏，北闸门由于倾斜程度未超过规定，不作纠偏；两闸门均作钢结构加固，具体做法为：墙体基础浇筑钢筋混凝土梁埋入地下，墙体两侧用工字钢和扁铁通过螺杆夹墙与基础钢筋混凝土梁连成整体，确保闸门稳固，钢结构加固完成后对风化剥落的墙体用传统三合土墙工艺修补。两闸门钢结构施工底层红丹防锈漆时会同村民集体反对，说把两个闸门"五花大绑"，后经解释并做完面漆后颜色与墙体融为一体后为村民接受。

（3）对闸门周围的排水进行清理疏通，加建排水沟，解决排水问题。南

图2-20 南闸门维修前

图2-21 南闸门维修后

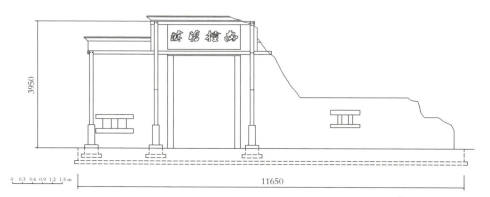
图2-22 南闸门正立面图

图2-23 北闸门维修前

图2-24 北闸门维修后

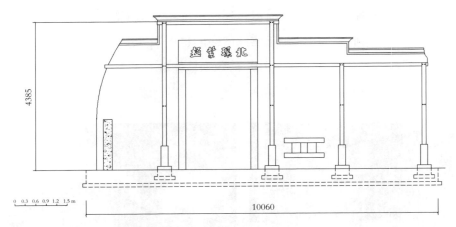

图2-25　北闸门正立面图

闸门由于周边地坪已整体抬高，无法解决排水问题，且地下管线较多，因此南闸门门槛没有清理出来，覆土保持现状。北闸门清理出门槛并疏通周边排水。

4. 南碉楼修缮工程

南碉楼又称"风起"碉楼，位于会同村一巷1号，建于民国时期，坐南向北，长10.5米，宽5.6米，总建筑面积约100平方米，碉楼呈长圆弧形，两层，四周设射击孔，开窗户，顶部设瞭望台，正面塑"风起"二字灰塑。

南碉楼修缮工程与南、北闸门修缮工程同时期进行。建设单位为珠海市唐家湾文化旅游有限公司，设计单位为广州大学建筑设计研究院，施工单位为潮州市建筑安装总公司，监理单位为珠海市建设工程监理有限公司，2016年1月8日开工，2016年3月7日完工。

维修前损毁情况：

（1）后加砌红砖柱、梯屋。

（2）一层地面现存粘土大阶砖酥碱、粉化、发霉、开裂，缺失部分后用红砖填补，二层地面保护层起鼓，水泥地面崩缺有碎石，多处位置开裂，平台倒塌。室内外地面均有垃圾、生长杂草、堆满杂物。楼板有多处裂缝、渗水、发黑，后开洞口用水泥砂浆修补，钢筋裸露、生锈。

（3）外墙面层批荡发黑、酥碱，有大面积脱落，室内墙面批荡层发黑，原夯土墙局部坍塌及用花岗岩石填补，后用红砖填封窗洞，并用水泥砂浆批荡，后加砖柱脚。

（4）门、窗、扇、防盗铁支缺失；室外上二层的铁楼梯已经损坏，生锈；后加电线电码，雕刻字体脱落。

（5）天面大阶砖风化、碎裂，滋生杂草、杂树，植物根须渗入墙身；落水管被拆，排水沟渠阻塞。

维修主要内容：

（1）铲除室内墙面残旧渗水的批荡层。

（2）揭起首层地面，恢复原地面标高，素土夯实地面后，铺砂，再铺石灰砂浆，用同规格青砖重铺地面，用石灰膏填封砖缝。重做倒塌的平台、混凝土楼板、红砖砌筑女儿墙。平台重铺红阶砖。

（3）人工清除墙面碎屑粉尘、杂草、青苔等杂物，用传统三合土加糯米浆、明矾及草筋修补夯土墙，随手抹光，刷白灰水。

图2-26 南碉楼维修前

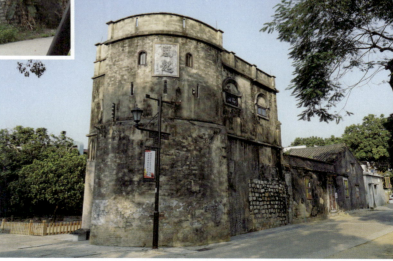

图2-27 南碉楼维修后

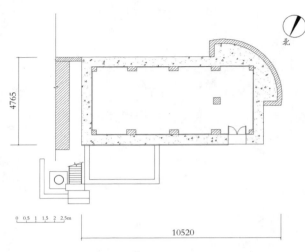

图2-28　南碉楼首层平面图

（4）拆除后加的铁门，恢复双扇杉木门，所有木门窗扇均整体喷CCA防白蚁药两遍，再涂熟桐油两遍，入墙部分涂沥青防腐，窗重做防盗铁枝。

（5）清洁灰塑表面的污垢、青苔等污染物，清除松动的灰塑，用草筋灰塑型，修补破损的灰塑，最后用纸筋灰抹光后重新上色，清除周围杂乱建筑，整治周边环境。

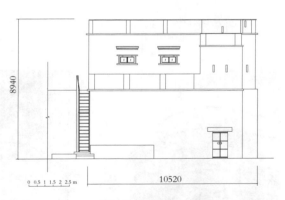

图2-29　南碉楼正立面图

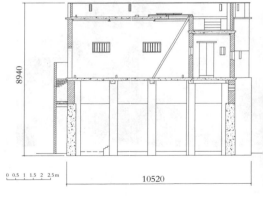

图2-30　南碉楼剖面图

5. 会同祠修缮工程

会同祠位于会同村下横街4号。建于清代，是纪念莫氏八世祖莫与京（号会同）的祠堂。该祠坐东南向西北，总面宽12.05米，总进深26.92米，总建筑面积约324.38平方米。祠堂面阔三间，两进两廊夹一天井。硬山顶，青砖墙，灰瓦面，抬梁与穿斗混合木构架。地铺大阶砖，石柱础，木柱石柱并用，有木雕、石雕、灰塑和壁画等装饰。

会同祠维修工程的建设单位为珠海唐家湾文化旅游有限公司，设计单位为广州大学建筑设计研究院，施工单位为湖北丰景园林古建有限公司，监理单位为珠海市建设工程监理有限公司。2015年6月1日开工，2017年4月21日完工。

维修前损毁情况：

（1）北廊卷棚缺失。

（2）地面石板不平、抬高，原大阶砖部分碎裂破损；后改水泥铺地，后开孔；天井生长杂草，金钱排水孔缺失；室外台阶外沉，有杂草生长。

（3）墙体后加红字标语，后开砖洞，破损、开裂，后加红砖修补，后加抹灰，污渍，后墙向后倾斜。

（4）门墩石缺失，正门门槛、屏门、牌匾、梁头、柱子、雀替等大部分木构件缺失，门后改窗，封檐板缺失、破损、褪色。

（5）檩条、桷板、梁架发霉开裂，瓦件碎裂、缺失，瓦当缺失，屋顶漏水，屋脊正脊博古缺失，灰塑局部褪色。

工程主要内容：

（1）恢复北廊卷棚。

（2）调平石台阶，调平地面，铲除现有水泥铺地，重铺地面，恢复黏土大阶砖地面，重做花岗石石金钱排水孔，环氧树脂加石粉修补石洞，除去杂草。

（3）恢复原门洞及门扇，用同规格青砖填补墙洞，用石灰砂浆修补墙身裂缝，随灰勾缝与原墙对齐，纠偏后倾的后墙，手工清洗墙面，恢复清水墙。

（4）重做门墩石、门匾、封檐板，清除封檐板表面灰尘、旧漆、残损部分，在封檐板裂缝背面用燕尾榫拉紧修补，重做花岗石石柱和梁头，重做坤甸木门槛、雀替，恢复固定屏门及花罩。

（5）揭瓦重铺屋面，更换碎裂的瓦件，用杉木按原尺寸更换发霉、开裂的檩条、桷板和梁架，底用草筋灰重塑饰线形状，面用纸筋灰加糯米浆和糖胶、色粉修补灰塑脱落的部分。

维修后，在会同祠设立会同市民艺术中心暨阅·潮书店，于2018年1月20日举行揭牌仪式。书店以祠堂为中心依势布局，保存前厅、天井、后厅格局，不破坏古建筑的一砖一瓦，所有的"外来添加物"都与原有建筑留有分隔，四面的玻璃也是依靠重力落在地伏上，地伏最底部也是有木板与地面分隔起来，所有的添加都是可逆

图2-31　会同祠外部维修前

图2-32　会同祠外部维修后

图2-33 会同祠
内部维修前

图2-34 会同祠
内部维修后

的，完整地保留着古建筑的原貌。一年后，会同阅·潮书店获得中国书刊发行行业协会颁发"2018年度乡村书店"奖项，"最美乡村书店"之誉被社会各界肯定。

图2-35 会同祠平面图

图2-36 会同祠正立面图

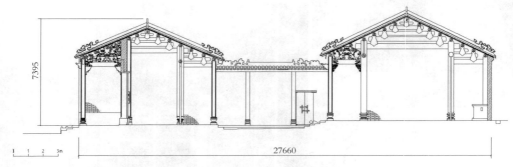

7395

27660

图2-37 会同祠剖面图

6. 调梅祠修缮工程

调梅祠位于会同村下横街3号。建于清代，是纪念莫氏六世祖莫鼎调（号调梅）的祠堂。该祠坐东南向西北，由主座和左右厢房组成，总面宽25.86米，总进深26.92米，总建筑面积约696.2平方米。主座面阔三间，两进两廊夹一天井。硬山顶，青砖墙，灰瓦面，穿斗抬梁砖木混合结构。地铺大阶砖，石柱石础，有砖雕、木雕、石雕、灰塑和壁画等装饰。

调梅祠修缮工程的建设单位为珠海唐家湾文化旅游有限公司，设计单位为广州大学建筑设计研究院，施工单位为湖北丰景园林古建有限公司，监理单位为珠海市建设工程监理有限公司， 2015年6月1日开工，2017年5月21日完工。

维修前损毁情况：

（1）门厅大阶砖地面碎裂、霉烂，门廊花岗石地面局部断裂，地面凹凸不平，后铺水泥花阶砖，后改水泥地面，室内地面长满杂草，堆有杂物，排水沟堵塞，排水孔缺失。

（2）墙体多后开窗洞，后开门洞及后改门洞、窗洞，部分用砖填封洞口，还有后砌红砖墙，后加支撑砖柱，后墙向后倾斜，后加抹灰，满布污渍，后加电线、电码杂陈，墙面彩绘褪色、污渍。

（3）二进屋面局部倒塌，下陷；檩条桷板开裂、霉烂、蚁蛀；瓦件碎裂、下滑、缺失；杂草丛生；屋脊灰塑破损、缺失。

（4）大门破损、褪色，挡中门缺失，门厅、门廊、门扇、屏门、梁架、梁头、雀替等木构件缺失，梁架局部破损、开裂，祖堂神台缺失。

工程主要内容：

（1）拆除后封、后开墙洞和后加电线、电码。

（2）重铺麻石地面，按原尺寸重铺红泥大阶砖。

（3）揭瓦重铺屋面，按现存样式、尺寸、用杉木重新制作安装，替换缺损和失去承重能力的飞椽、檩条、桷板。正次间新旧檩条用燕尾榫搭接，面刷枣红色底色，熟桐油两遍罩面，入墙部分刷热沥青防腐，与瓦片相接处涂沥青防腐。桷板顶面毛面。按原样式用杉木重做卷棚，按原有样式用坤甸木修补梁架木雕及梁底木雕。按原尺寸重新烧制补全缺瓦，按现存样式订做瓦当，补齐缺失的煅打铁瓦钗。其余三面光面，按底瓦叠五露五（半瓦），盖前浸白灰水，面瓦叠七露三（整瓦）重铺，所盖瓦片使用原来的陶瓦片，屋脊及檐口用1毫米紫铜线拉结瓦件，屋顶与山墙交接处外加1.5毫米厚铅皮防水。

图2-38　1949年的调梅祠

图2-39 调梅祠外部维修前

图2-40 调梅祠外部维修后

（4）清除墙面碎屑粉尘，参照现有样式用菠萝格木重做挡中门、杉木重做木门扇、梢木重做门廊雀替、花岗石重做门厅雀替、坤甸木重做梁架。

调梅莫公祠修缮后，在祠内设立会同电影小馆并于2019年1月20日正式免费开放。展馆的设计和建造在保留调梅祠原有建筑形制基础上，将本地文

图2-41　调梅祠维修前内部　　　　　　　图2-42　调梅祠维修后内部设立会同电影小馆

化与世界思潮相交融，形成会同村新的文化据点。整个展馆分为"梦回会同村""时代与传说""声色影的交汇""群星闪耀"四大展区，由"梦"引入，以梦回栖霞仙馆作为展馆的开篇，并由此过度至丰盛的电影世界一角。让参观者在闲庭信步之间即可了解国内外电影历史、技术与现状。

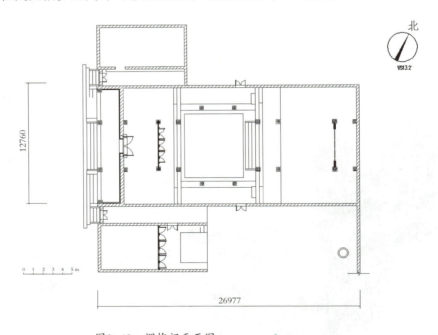

图2-43　调梅祠平面图

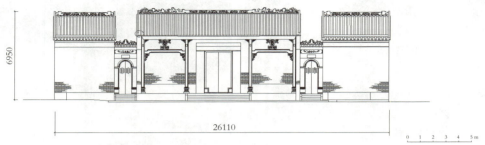

图2-44　调梅祠正立面图

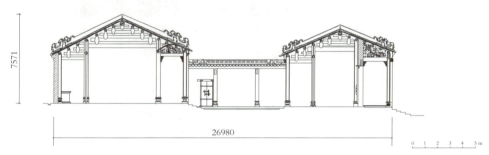

图2-45　调梅祠剖面图

图2-46　维修后的会同村前古建筑群

乡村振兴视域下的会同古村保护活化利用思考

    会同村具备丰富的历史价值和文化价值，且具有丰富的文化景观，据此，可适度发展文化旅游事业，促进会同村古村落的经济、社会与文物保护协同发展。同时，应避免文化旅游业过度膨胀，为古村落造成不良影响。会同村古村落要实施科学的统筹规划，制定科学的活化利用策略，从整体上对会同村生活聚落实施系统保护，包括保护会同村生活聚落与自然环境二者间和谐共存的关系，保护生活聚落各类物化历史信息，实现对会同村历史文化以及传统气息的有效延续，并大幅度提升会同村生活聚落的居住质量，同时对古村落道路交通、用地功能布局等进行科学规划，合理引导文化旅游事业的适度发展，实现对古村落的有效活化利用。

图2-47　会同古村平面图

一、对文物建筑和保存建筑进行原样修复

    现会同村主要文物保护单位，调梅祠、会同祠、莫氏大宗祠、南北碉楼及南北闸门已完成维修并开展活化利用工作，并取得良好效果。下一步应对

栖霞仙馆、莫氏大宅、绍庐、缉庐以及莫如彬家祠等文物建筑进行原样修复，实施有效的保护整治，同时，对有保留需求的传统民居进行维修，对无保留价值的建筑物以及构筑物进行拆除，遵循原有规划，对改建建筑用地进行布置，采用合院式的建筑平面布局，并确保改建建筑呈现的外观风貌与上述建筑保持一致，将建筑层数控制在两层以下，并将檐口高度控制在6米以下。

二、对古村落内现存民居进行分层整治

对古村落内存在的现状民居进行细分为三个层次，分别采取三种保护整治模式：一，保护。对外观风貌相对较好，且质量相对一般的古村落民居实施有效保护。避免改动原有建筑具备的结构外观，对之进行局部修缮，对建筑内部进行重点改造，并配备各类现代化的生活设施。二，整饬。对在一定程度上悖离传统建筑风貌的新建民居和改建民居进行整饬，受历史原因影响，未能进行及时拆除的民居，可暂时保留。但需改造此类民居的外观风貌，主要是对外饰面进行更换，实施平改坡、降层等。三，更新。对与传统建筑风貌存在巨大冲突的新民居以及质量极差的各类旧民居进行拆除，并遵循相关设计进行重建，对民居内存在的各类生活用品，诸如碑刻、家具、契约、宗谱等进行保护。在古村落核心保护区范围内，要求各类新建民居和改建民居采用传统的坡屋顶建筑形式，并将其层数控制在2层以下，将1层檐口实际高度控制在4米以下，将2层檐口实际高度控制在6米以下，避免体量过大。要确保建筑具备的外部形式与原有建筑风貌保持一致。古村落核心保护区与古村落边界之间属于建设控制地带，在该地带内，各类建筑要具备景观过渡效果，要求建筑采用坡屋顶形式，并将建筑层数控制在3层以下，将檐口实际高度控制在9米以下。

三、对古村落公共空间进行维护修缮

对会同村古村落的"三街八巷"进行维护，并对通道路面、市政设施以

及各类环境小品等进行修缮，确保街巷通达，并保持协调一致的风貌。对街巷内涉及的市政管线实施地下敷设，对公共开放空间具备的空间退让和尺度以及绿化植被进行维护，对空间界面以及各类环境小品进行修缮，对各类水面面积进行拓宽，对河道进行疏浚，对驳岸进行治理，对会同村原有的风水意象进行有效恢复。

四、对"三街八巷"的原有空间结构进行重现

会同村古村落原有的"三街八巷"空间结构具有重要的历史文化价值。为有效实现对会同村古村落的活化利用，要对"三街八巷"的原有空间结构进行重现。针对中横街以西，街巷格局以及古民居残缺不完整，影响"三街八巷"原有的空间结构体现，将中横街作为界线，对东、西两大地块实施有效的恢复措施，对"三街八巷"的原有空间结构进行有效恢复。中横街以东，其街巷格局以及古民居呈现出相对完整的保留现状，其主要功能是供村民居住，展示古街巷及民居的景观，应避免外来游客过多打扰村民日常生活。为恢复中横街以东街巷的连续性，可将坍塌宅院露出的墙基作为依据，考察村民对半开放空间提出的功能要求，对院墙、出入口以及铺地等进行恢复，并对相关环境小品进行配置。中横街以西的大片废弃地为集体所有，该地块的规划调整具有较强的弹性。将复原的会同村总平面图作为依据，基于对古民居涉及的历史信息的严格考证，沿地块周边对院落式建筑进行插入和重建，保持

图2-48　2020年会同驿站

协调一致的肌理风貌。结合会同村的宗祠、碉楼等建筑物，共同构建公共空间，满足各类文化旅游需求。同时，为会同村居民创造更多的就业岗位，促进该地区经济实现良好发展。对会同村古村落南北向的两条道路进行改善拓宽，将村落内三条主街之外的道路恢复为步行街，并铺筑麻石板。将游客下车点设置在北村口，增设停车场，要求各类外来机动车在村落外停泊。

综上所述，会同村古村落具有极高的历史文化价值，且拥有丰富的物质文化遗产和非物质文化遗产。对此，在乡村振兴视域下，会同村古村落要通过对文物保护单位及保存建筑进行原样修复，对古村落内存在的现状民居进行保护、整饬、更新，对古村落公共空间进行维护修缮等策略，加强对古村落的有效保护，还要通过对"三街八巷"的原有空间结构进行重现等策略对古村落进行科学合理的活化利用，促进会同村古村落在新时期实现良好发展。

图2-49　2020年会同村俯瞰图

【 第 三 章 】

名 人 故 居

第一节

苏兆征故居

苏兆征故居是中国共产党早期领导人之一苏兆征同志的故居，于1979年被公布为广东省文物保护单位。故居旁建有陈列馆，2010年被公布为广东省爱国主义教育基地。2011年被公布为广东省中共党史教育基地，2018年被公布为珠海市中共党史党性教育基地，2019年被公布为广东省红色革命遗址、广东省党员教育基地。

一、苏兆征简介

苏兆征（1885—1929），原名苏吉，广东香山县淇澳岛淇澳村（今珠海市唐家湾镇淇澳村）人，是中国工人运动先驱和著名领袖、中华全国总工会主要创建人和领导人、中国共产党早期领导人之一、国际工人运动活动家。苏兆征从小家境贫寒，18岁到香港外轮作"侍仔"、海员。当时孙中山经常奔走于港澳，以及日本、南洋，有机会接触海员，在船上宣传革命。苏兆征是孙中山的同乡，在其影响下走上了革命道路，为革命党人传递信息、筹集经费、运送军火、策应起义。他于1908年加入同盟会，先后领导过1922年的香港海员大罢工和1925年的省港大罢工，在领导罢工中，苏兆征大义凛然、大公无私、富有组织才干，因此深得工人的拥戴，成为中国早期工人运动的领袖。他于1925年加入中国共产党，曾任中华全国总工会执行委员、委员长，武汉国民政府劳工部部长等职，广州起义时被选为工农民主政府主席。1927年，苏兆征在中共八七会议上被选为临时政治局常委；1928年，中共六大在莫斯科召开，当选为中央政治局常委，并担任中央工委书记。苏兆征1929年1月回国，因积劳成疾于2月25日在上海病逝。他为争取民族解放和无产阶级的革命事业作出了重大贡献。2009年10月，中央宣传部、中央组织部、中央统战部等11个部门将苏兆征评为"100位为新中国成立作出突出贡献的英雄模范人物"。

二、苏兆征故居保护

（一）故居简介

苏兆征故居位于珠海市唐家湾镇淇澳社区白石街461号，为苏兆征祖父所建。清光绪十一年十月初五（1885年11月11日）苏兆征出生于此，并度过了青少年时代。故居为砖木结构，单层平房，面阔两间，并有一小厨房和一间偏房，屋前由矮围墙和院门围成院落，其中院门侧围墙是用蚝壳、黄泥、蚝灰、糯米浆等本地材料和传统工艺修筑的蚝壳墙，极具地方建筑特色。院门设于东面，院门左边巷口有一口苏家生活用过的水井。整座故居的建筑面积68平方米，占地面积约100平方米。

（二）历年保护

苏兆征故居曾于1954年、1965年、1983年因屋顶变形漏水及门窗损坏等问题，由省、市共同出资维修。1995年，珠海市淇澳管理区和淇澳村委会为了更好地保护这座名人故居的原貌和开发利用故居，供后人瞻仰参观，在有关部门协助下，有偿征用苏兆征故居西北面的邻居民房（约164平方米），并办理了有关产

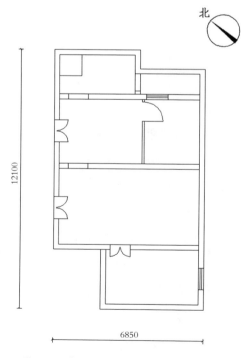

图3-1　苏兆征故居平面图

图3-2　苏兆征故居立面图

图3-3　苏兆征故居剖面图

权过户手续。2005年1月，珠海市文化广电新闻出版局和淇澳村委会共同出资对故居部分房屋按不改变文物原状的原则修缮。同年7月，由珠海市博物馆编制的反映苏兆征生平的图片展"中国工人运动的杰出领袖——苏兆征"在故居展出，对外开放。

2010年，珠海市文体旅游局实施苏兆征故居文保工程，建设内容包括故居主体建筑维修和故居原状陈列，征收三户民房改建陈列室并设计制作苏兆征纪念展以及安防工程等。苏兆征故居文保工程占地面积为514平方米，建筑面积274平方米，包括苏兆征故居、陈列馆及配套设施等。

苏兆征故居主体维修工程设计单位为佛山市置地建筑设计有限公司，施工单位为江门市南秀古建筑石雕园林工程有限公司，监理单位为珠海市建设工程监理有限公司，2010年10月7日开工。

维修前损毁情况：

屋面残损，檩条腐朽开裂，辘筒开裂下滑，瓦当缺失，封檐板油漆脱落；木门缺失、残损、形制不符；阶砖地面残损；墙体受潮风化，墙体抹灰脱落，草尾风化残损，灰塑褪色缺损；蚝壳墙、毛石墙面残损，围墙不符合形制，后改水泥台阶和厨房外围后加建筑与古建不协调。

维修主要内容：

拆除后加建筑和后改水泥台阶。屋面揭瓦重铺，修复檩条，补齐瓦当；清除电线，修复青砖墙体，重新批灰，修复灰塑、草尾；恢复木门木窗，修复封檐板、木门木扇；重铺阶砖地面，修复三合土地面，恢复条石台阶；按

图3-4　苏兆征故居维修前

图3-5　苏兆征故居维修后

图3-6　苏兆征故居院墙维修前

图3-7　苏兆征故居院墙维修后

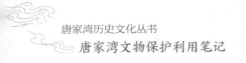

传统工艺修复蚝壳墙、毛石墙，新做阶砖压顶青砖围墙。

苏兆征故居维修后，在故居内设立复原展，展示苏兆征同志简朴的家庭生活风貌。

三、苏兆征陈列馆建设

（一）苏兆征陈列馆设立

2010年的故居文保工程在维修故居主体建筑基础上，在珠海高新区社会发展局等部门的协助下，征收故居旁三户民房并拆除后，参照故居及周边建筑样式建设苏兆征陈列馆。

苏兆征陈列馆建设工程设计单位为佛山市置地建筑设计有限公司，施工单位为江门市南秀古建筑石雕园林工程有限公司，监理单位为珠海市建设工程监理有限公司。2011年4月20日，苏兆征故居修缮、陈列馆建设工程完工。5月4日至6月21日，故居陈列馆"共和国英烈苏兆征"专题展览布展完工，6月28日如期开馆。

苏兆征陈列馆占地面积150平方米，配套服务设施56平方米，全馆利用丰富的史料和实物，以"在大风大浪中成长""领导香港海员大罢工""领导省港大罢工""全国工人运动的著名领袖 国际职工运动领导人""在中共中央的领导工作""丹心为民，丰碑长存"六大板块，概括苏兆征波澜壮阔的一生、富有个性色彩的重要历史功绩，突出介绍了苏兆征同志的光辉一生，充分展示了苏兆征同志作为"工人运动

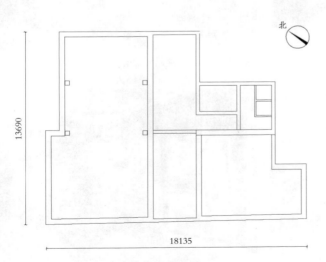

图3-8　苏兆征故居展览馆平面图

图3-9　苏兆征故居陈列馆展厅1

领袖、共和国先烈"的
高贵品质。

　　陈列馆运用博物馆
（纪念馆）展示的成功
理念，结合现代科学技
术的先进展示手段，主
题鲜明，特点突出，内
容丰富，设计新颖，庄
重大方，是国内第一家
以纪念苏兆征为专题的
陈列馆。陈列馆共展出
反映苏兆征同志光辉业
绩的图片、档案文献资
料470幅及74件（套）
实物展品，运用主题浮
雕、人物场景、油画等

图3-10　苏兆征故居陈列馆展厅2

图3-11　苏兆征故居陈列馆展厅3

艺术手法，生动形象地展现苏兆征同志从普通海员到中国工人运动的杰出领袖，为中国革命事业不懈奋斗的光辉一生。

（二）苏兆征陈列馆提升改造

2019年，珠海高新区实施提升改造完善工程。本次工程将原陈列馆旁周边两座民房租赁后加以改造，重新统一设计，编制新展。苏兆征故居陈列馆总面积增至440平方米，分为序厅、四大展示板块、尾厅和一个特别展厅及一个临展空间，介绍了苏兆征同志从海岛之子逐步成长为中国工人运动的先驱和著名领袖、中华全国总工会的主要创建人和领导人、国际工人运动活动家、中国共产党早期重要领导人之一的人生事迹。

展馆内展出共228幅图文及文献资料，105件（套）实物、2件雕塑作品、1面浮雕墙、3项场景复原、17个展柜（展台）、2幅创作油画、1个电子沙盘、1项大型多媒体展项及2套触摸一体机，突出展示内容和文物，增强体验与互动，营造整体氛围。

本次提升改造工程建设单位为珠海高新区社会保障与公共事业局，设计制作单位为上海美术设计有限公司。新展围绕"知历史、识人格"的要点展开，将苏兆征个人发展历程置身于中国乃至世界革命的发展过程，展现其与中国革命、中国共产党的密切关联，突出呈现苏兆征的人格力量，以苏兆征

图3-12　苏兆征故居陈列馆提升改造效果图1

图3-13　苏兆征故居陈列馆提升改造效果图2

图3-14　苏兆征故居陈列馆提升改造效果图3　　图3-15　苏兆征故居陈列馆提升改造效果图4

坚定、勤勉、廉洁、谦逊、智慧等品格为线索来呈现历史故事，让参观者在了解事件发展的同时，感悟鲜活的人物形象并留下深刻印象。重点突出其人格的力量，展现其捍卫理想、追求真理的强烈愿望，以及持之以恒、永不懈怠的革命者精神。

展馆从陈列馆的基础定位出发，以尊重历史、体现人物、讲述故事、注重细节为准绳，在各展示空间内设定场景和陈展主题，采用具体事件或人物活动的"镜头化"预设，注重陈设细节上的生活化和生动感，营造"人物正在此生活，故事正在此进行"的感受体验，在具体的陈设处理上捕捉细微差异，通过细节变化和对比反映历史、彰显人物性格。

四、苏兆征陈列馆改造升级的思考

（1）艺术创作应坚持"有依据、不夸张、重品质"的原则。展馆中涉及的艺术创作种类主要有绘画、雕塑等，在创作上达到展现历史风貌、体现人物性格、反映故事真实及注重艺术品味的有机融合。苏兆征故居陈列馆在尊重历史、体现人物、讲述故事、注重细节的基础上，结合现有艺术水平以增强故事讲述、参观体验的陈展效果。

（2）辅助展项应坚持"合理化与延展度"的原则。辅助展项既丰富了原体场景陈设，又为观众提供了内容和信息的深度与广度。辅助展示方式既可以是艺术创作，也可以是多媒体展项，应根据展示主题与内容进行考量。

（3）专题展示应坚持"质朴稳重、便于调整"的原则。专题展厅的形式设计应充分考虑到：展墙展具不破坏古建筑本体，便于安装与今后的拆卸与更换，展厅布置具有可逆性；展具的风格与建筑和纪念馆主题风格相协调，简洁质朴，稳重大方。

（4）场景展示中应坚持"协调自然、主题贯穿"的原则。展示形式及辅助展项的设计要与场景的时代风貌、道具的风格协调一致，不突兀、不做作；注重平面设计，以统一的主题元素贯穿全馆，形成平面视觉的风格化。

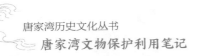

第二节

古元故居

古元故居是我国现代著名版画、水彩画大师，杰出的人民美术家、美术教育家古元的故居，于2011年5月被公布为珠海市文物保护单位，2012年10月被公布为广东省文物保护单位。

一、古元简介

古元（1919—1996），字帝源，广东香山县那洲村（今珠海市唐家湾镇那洲村）人，7岁在家乡读小学，喜爱美术。13岁入省立广雅中学，接触法国巴比松派画家米勒的油画。1937年卢沟桥事变后，回乡教书，后投身抗日救亡运动。1938年9月，奔赴延安陕北公学学习，同年11月加入中国共产党。1939年1月，入延安鲁迅艺术学院美术系学习，毕业后赴延安川口区碾庄乡担任乡政府文书。1941—1945年，返回鲁艺从事美术创作和教学。

1942年，其木刻作品《运草》被周恩来带到重庆参加全国木刻展览，徐悲鸿称赞古元为"中国艺术界一卓绝之天才"和"中国新版画界的巨星"。他历任华北联大文艺学院美术系教员、《东北画报》美术记者、中央新闻摄影局美术研究室副主任、中央美术学院院长、中国版画家协会副主席、中国美术协会副主席、中国版画家协会名誉主席。曾任第一、三、四届全国人大代表，第五、六、七届全国政协委员。从第一次全国文代会起，连任全国文联委员、中国美协常务理事。1996年在北京逝世。

古元为中华人民共和国建立后版画艺术的进一步发展和繁荣，奠定了坚实的基础，为中国美术事业和美术教育事业的发展作出突出贡献。

二、故居简介

古元故居位于珠海市唐家湾镇那洲社区那洲三村华昌路口，由古元父亲古万建于民国元年（1912）建成。面宽12.16米，总进深12.46米，总建筑面积约153.51米方米，占地面积302.47平方米，坐东南向西北，面阔三间，二进夹一天井，砖木结构，十七桁砖瓦房。正厅设有神楼，次间均设有阁楼。神楼放置由古元绘画的父母遗像，正厅两侧壁悬长条木板的家训："和气致祥百忍成金处世端资退让，厚德载福惟善为宝持身贵养谦光。"厅堂两侧前后进均为房间，后两间较前两间宽敞。故居正面檐口有山水和花鸟灰塑及彩画。青砖墙，灰瓦面，博古脊。故居整体保存完整，整个建筑布局和形制，具有传统的岭南民居建筑特色。

三、维修保护

2005年，珠海市文化广电新闻出版局启动古元故居维修保护工程，主要包括防治白蚁，更换破损楼梯、楼板、门窗等，恢复屏风、修缮厨房、疏通排水、修建挡土墙以及修复花园等，添置家具，设立古元汉白玉半身像及古元生平展。

2014年8月古元故居产权人委托珠海高新区社会发展局管理故居。2015

图3-16　2009年古元故居

年，珠海高新区开展古元故居修缮工程，建设单位为珠海高新区建管中心，设计单位为潮州市建筑设计院，施工单位为潮州市建筑安装总公司，监理单位为珠海市建设工程监理有限公司。2014年11月12日开工，2015年4月10日竣工。

（一）维修前损毁情况

（1）一进明间正脊、二进屋面局部为后人用水泥沙浆包塌修缮，内天井后改水泥砂浆地面，前院左侧后建卫生间。

（2）屋面结构存在较大安全隐患，屋面辘筒断脱、下滑、风化，裹灰风化，蚝灰流失，筒瓦外露，板瓦部分破损，勾

图3-17　2014年古元故居厅堂

图3-18 2014年古元故居梁架

图3-19 2014年古元故居屋顶

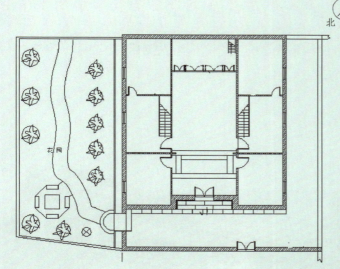

图3-20 古元故居平面图

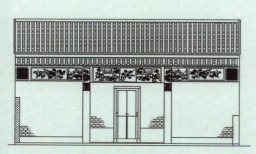

图3-21 古元故居立面图

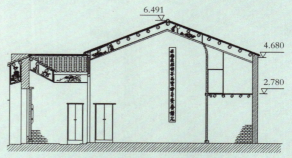

图3-22 古元故居剖面图（单位：m）

头部分缺失，雨天漏水，檩条、桷板霉烂及蚁蛀严重，部分檩条直径过小，受力不足，右厢房屋面部分木构件蚁蛀，杂物房中一根檩条因霉烂已断裂倒塌，厨房及杂物房屋面排水不畅，局部长杂草。

（3）墙体局部受潮、发霉。

（4）室内地面局部受潮，长青苔。

（5）木门局部残损，百页窗扇及推拉玻璃窗多数已残损，个别推拉窗扇缺失，油漆脱落。

（6）室外马路高于室内地面，导致下暴雨时雨水倒灌，雨水不能及时排出，以至主座经常水淹。

（二）工程主要内容

（1）拆除一进后加水泥沙浆建造的正脊和前院左侧后建卫生间，铲除内天井水泥砂浆地面。

图3-23　2016年古元故居门口

图3-24 2016年古元故居庭院

图3-25 2016年
古元故居厅堂

（2）全屋揭瓦重盖，更换霉烂的檩条、桷板，清洗屋面板瓦及筒瓦，补配缺失破损的板瓦、筒瓦、勾头、滴水等瓦件材料，按传统工艺重盖屋面，根据对正脊高度及脊饰形式等的考证重新修复一进正脊。

（3）拆除卫生间后，修复围墙灰塑线条，清理墙面污渍、青苔及灰水。

（4）铲除内天井水泥砂浆地面后恢复条石地面，复原红阶砖地面，清洗部分阶砖表面青苔、污渍。

（5）按原材料和现状尺寸修复或更换残损木门、百叶窗，对所有旧木构件重新上漆，对新木构件喷洒防虫防白蚁药水，补刮腻子和打磨，刷一遍生桐油再刷两遍熟桐油。

（6）疏通清理排水系统，加建排水沟，解决排水问题。

四、活化利用

在故居修缮基础上，珠海高新区设立古元生平展，完善家居复原展，并于2016年5月正式免费对外开放。故居内展有古元送给家乡的水彩画《家乡的大榕树》等作品。古朴的复原家居陈展一定程度还原了当年古元日常生活的场景，让后人在体验中感受古元的生活和成长氛围。

第三节

卢慕贞故居

卢慕贞故居是孙中山先生的元配夫人卢慕贞的故居，于2011年5月被公布为珠海市文物保护单位。

一、卢慕贞简介

卢慕贞（1867—1952），广东香山县外堂乡（今珠海市唐家湾镇北沙社区）人，是孙中山先生的元配夫人。孙中山先生作为20世纪中国伟大的爱国者、中国民主革命的伟大先驱，建立了不朽的业绩，推动了中国近代社会的进步和发展。卢慕贞女士作为其结发妻子，充分发扬了中国传统女性贤淑、孝顺、坚韧及善良的美德，无怨无悔地承担了养育儿女、侍奉家翁家姑、照顾亲人的责任，免除了孙中山先生的后顾之忧，让他把精神集中到革命事业上，并为其革命活动承担风险，甚至流亡海外十多年。更令人赞叹的是她的心胸宽广、大爱无私，愿意为成全孙中山先生与宋庆龄女士的婚姻而做出牺牲。

卢慕贞女士热爱祖国，关心祖国命运，在抗战时期，为抗日民族统一战线做出了重要贡献；她热心公益，造福乡梓，对兴办学校、救济穷亲等福利事业，贡献良多，"孝敬贤淑，闻于乡党"。

二、故居简介

卢慕贞故居位于唐家湾镇北沙社区外沙村193号，为其父亲卢耀显于清末所建。坐东北向西南。面阔三间，二进夹一天井。总面宽12.17米，总进深

10.92米，建筑占地面积约132.9平方米。硬山顶，砖木结构，青砖墙体，辘筒瓦屋面，富有传统岭南民居建筑特色。该屋主座为两进夹一天井，有门与左厢房相连，厅内设有神楼，供奉卢慕贞母亲的照片，两旁对联云："玉烛辉时皆瑞气，青烟霭处尽祥云。"

三、故居保护利用

1998年，珠海市文化局曾对卢慕贞故居进行维修。2005年，珠海市文化广电新闻出版局再次开展卢慕贞故居修缮工程，主要包括防治白蚁、揭瓦重盖屋顶、修复门廊、天井、厨房、破损墙体和门窗等，并疏通排水，添置家具，设立文物标志牌、卢慕贞汉白玉半身像及卢慕贞生平展。

2015年，珠海高新区启动卢慕贞故居保护性维修，建设单位为高新区建管中心，设计单位为潮州市建筑设计院，施工单位为潮州市建筑安装总公司，监理单位为珠海市建设工程监理有限公司。2015年7月20日开工，2015年9月20日竣工。

（一）维修前损毁情况

（1）屋面为后人修复，辘筒采用水泥砂浆裹垄，部分已断裂，左次间排水沟长草，沟底淤积泥土，檩条、桷板霉烂及蚁蛀严重。天井檐口严重下垂；主座一进檐口木檩条因严重霉烂、虫蛀已折断，随时可能垮塌；左次间一进及二进屋面大部分檩条严重霉烂、虫蛀，危及屋面结构安全；右侧厨房大部分檩条严重霉烂、虫蛀，弯曲下垂，屋面瓦下沉起伏。

（2）故居大门外栅门局部残损、缺失、霉烂，天井固定玻璃窗局部霉烂，窗下木梁部分霉烂，左次间木窗霉烂、破损、缺失，右侧门楼木门扇门轴霉烂，油漆老化、脱落。

（3）主座正厅右侧墙体开裂，裂缝总长约3米，上部宽约8毫米，下部约3毫米，严重影响结构安全；厨房右侧山墙及前围墙面严重受潮、发霉，主座正面墙体局部受潮、发霉。

（4）厨房前院、天井及室内地面局部受潮，长青苔。

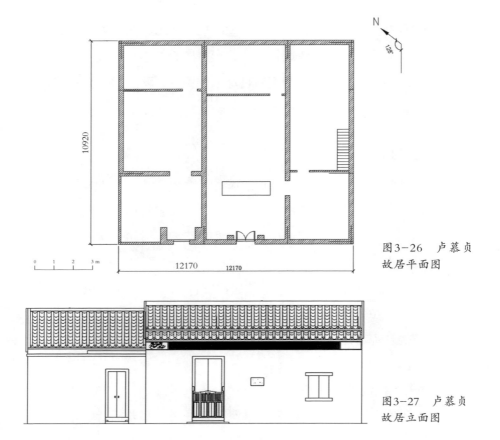

图3-26 卢慕贞
故居平面图

图3-27 卢慕贞
故居立面图

（二）维修主要内容

（1）拆除二进厨房、左次间后加水泥沙浆塑造的正脊，揭瓦重盖主座一进、左次间、厨房屋面，按原材料原尺寸更换霉烂、蚁蛀严重的檩条、椼板，修补加固开裂的可续用的檩条，清洗屋面板瓦及筒瓦，补配缺失、破损的瓦件；按传统材料采用传统工艺重塑一进明间正脊。

（2）修复故居大门外矮栅门、天井固定玻璃窗及窗下木过梁、右侧门楼大门霉烂的门轴、左次间前木窗以及霉烂的窗扇，补配缺失铁枝构件，屋面及门窗新添木材，均作防腐、防虫处理，新安装檩条入墙部分用沥青油做防潮包裹处理，均刷桐油漆三遍，底一遍、面二遍，面漆按现有颜色用传统做法调色。

（3）修复、加固开裂墙体，清洗墙面。

（4）清理厨房前院、天井及室内红阶砖表面青苔、污渍。

（5）疏通故居内外排水沟。

四、活化利用

在故居修缮基础上，珠海高新区于故居内设立卢慕贞生平展。展陈以翔实的图文资料，从"门当户对 宜室宜家""孝敬贤淑 分担艰巨""无私大爱 成全其美""懿德典范 世人传颂"四个部分，展示了卢慕贞贤淑善良、大爱无私的一生。

图3-28　卢慕贞故居外部维修前

图3-29　卢慕贞故居外部维修后

图3-30　卢慕贞故居内部维修前

图3-31　卢慕贞故居内部维修后

第四节

东岸绵始大楼

东岸绵始大楼为东岸村富商、澳大利亚侨领黄绵始自建物业，于2011年11月被公布为珠海高新区不可移动文物，2012年7月被公布为珠海市不可移动文物，2018年2月被公布为珠海市文物保护单位。

一、黄绵始简介

黄绵始（生卒年不详），东岸村人。16岁赴澳大利亚谋生。30岁后发迹，成为当地侨领。清光绪十年（1884），任夏威夷中华会馆保安局总理。后回香港经营房地产。20世纪30年代初，获中山模范县县长唐绍仪邀请回乡参与中山港建设，为建设留思山中山公园出钱出力，贡献良多。又倡建东岸小学，捐资使全村学童免费读书。并在村内铺麻石板街道，唯受乡绅阻挠，仅成半条石板路。

二、大楼简介

绵始大楼位于东岸村大石街19号，建于民国二十二年（1933），国民党元老胡汉民为该楼题额"绵始寄庐"。大楼坐东南向西北，总面宽27.55米，总进深15.93米，占地面积约440平方米，主体建筑楼高四层，砖石、钢筋混凝土结构，建筑形式中西合璧。大楼正立面为凹式外廊，仿古罗马塔司干式柱，护栏为通透式西洋造型栏杆，左右两侧均有侧门或悬挑式阳台。室内过道内有西式罗马柱，彩色水磨石地面，天花有灰塑图案，整栋楼外立面线条造型丰富，建筑形式和室内装饰是珠海地区少见的上乘之作。

图3-32　1933年胡汉民题额"绵始寄庐"

绵始大楼的建筑格局、架构保存完整，形制特征明显，保留了丰富的历史和文化信息，是研究珠海地区近代建筑及黄氏家族历史的实物资料，其室内的题字等文字信息提供了研究资料，其建筑的形制、布局、装饰等特色对研究岭南近代中西合璧建筑的风格发展、营造技术具有重要的学术价值；其建筑空间格局和材料使用上具有鲜明的中西结合特征，造型及线条、室内的彩色水磨石地面、天花灰塑图案等装饰，具有较高的欣赏艺术价值。该楼对研究珠江三角洲近现代建筑史、本地西式文化的发展均具有重要的社会价值。

1949年，黄绵始全家外迁香港，此后绵始大楼由东岸村村委会使用和管理。1985年，落实华侨房屋政策后，大楼归还黄氏后裔，仍借与东岸村用作公益用途。村改居后，由东岸股份公司负责管理。在东岸居委会新办公大楼落成前，长期由社区居委会及股份公司合用。2019年6月起，用作东岸社区居家养老服务站。

三、维修保护

2015年，珠海高新区启动绵始大楼修缮工程，建设单位为珠海高新技术产业开发区社会发展局，设计单位为珠海思成建筑设计有限公司，施工单位为广东五华一建工程有限公司，监理单位为珠海市建设工程监理有限公司，2015年12月30日开工，2016年4月25日竣工。

（一）维修前损毁情况

1. 地面

首层地面部分破损、残缺，后期人为地使用水泥填补，地面多处出现微裂；二、三、四层地面除局部破损、微开裂外，大部分保存完整；天台大阶砖面层滋生青苔、表面局部破损、砖缝发黑，楼面渗水、漏水。

2. 墙体

部分外墙体残留水渍并发黑，部分批荡层脱落、褪色、表面滋生苔藓；内墙则采用白灰批荡，面层刷黄漆；内墙批荡层亦出现抹灰脱落、涂料褪色的现象；部分房间内墙体后期刷有乳胶漆。

3. 柱子、柱础

首层柱础残留有水渍和滋生苔藓，柱身和柱头基本保存完整；室内柱子表面水磨石局部有微裂、污损；三、四层天台柱子柱身批荡开裂、脱落，部分滋生苔藓。

4. 天花

一层入口走廊处天花左右两端破损严重，右侧有约0.3平方米天花已掉落，钢筋外露；左侧天花表面抹灰起鼓、表皮脱落并残留水渍；部分房间使用铝扣板、木板等进行吊顶，遮盖破损的原天花。二层部分天花为后期抹面；走廊处天花出现大面积龟裂状裂缝；天花角落渗水严重，天花发黑；檐口处天花出现脱落、钢筋外露状况。三层室内、走廊处天花角落渗水，残留大片水渍。

5. 装饰、装修

（1）门。外走廊门共有七扇，其中四层的门扇已完全破坏，用铝合金门扇替代；其余三层的外走廊门则保存较完整。木框均刷有深红色油漆，部分门扇油漆已脱落、门扇已开裂。

室内房间门为内开单扇杉木门，木框均刷有深红色油漆，部分门扇则后期已被更换。

（2）窗。首层窗扇保存较完整，二层窗扇大部分已更换为铝合金窗，三层、四层因空置无人办公使用，便使用铁皮替代窗扇将其封堵。

（3）楼梯。楼梯扶手与栏杆为木材质，面层刷有深红色油漆，保存较完整。

图3-33　绵始大楼维修前外观

（4）柱顶挂落装饰。室内两条柱顶的挂落装饰保存基本完整、局部缺失。入口处、大厅、二层大厅两条麻石柱之间的挂落装饰保存完好。

（5）阳台栏杆装饰。二层阳台栏杆采用珐琅瓶栏杆和钢筋砼现浇栏杆两种形式。

珐琅瓶栏杆为麻石材质组成，除表面残留水渍、滋生苔藓，基本保存完整；钢筋砼现浇栏杆破损。

（二）工程主要内容

1. 地面、阶砖

（1）清洗室外麻石地面。

图3-34　绵始大楼维修前内部

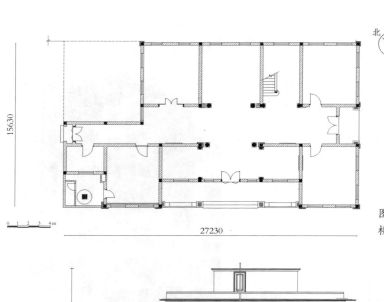

图3-35　绵始大楼首层平面图

图3-36　绵始大楼正立面图

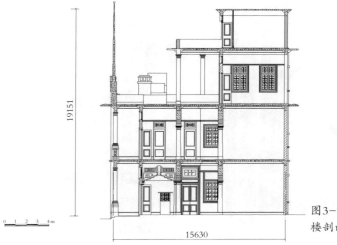

图3-37　绵始大楼剖面图

（2）修复破损、裂缝水磨地面：选择与原地坪同种水泥和石子，根据裂缝的自然走向，进行扩缝，再将选择好的水泥、石子进行配比调合、嵌缝、填补；清洗干净破损处的缝隙，涂上混凝土界面剂，确保新材料与原地坪牢固地粘接；最后用清水对整个水磨石地面进行清洗。

（3）修复阳台大阶砖：揭砖，清洗大阶砖，清理基层，20毫米厚水泥砂浆找坡，刷一遍防水剂，铺设一层防水卷材后铺30毫米厚干硬性水泥砂浆，铺砌大阶砖，1∶1白水泥砂浆填缝；对破损严重阶砖，用原形制大阶砖替代；铺砌前先将砖逐行按线边棱接缝严密平直摆正，不足之处用磨石修好，铺砌时用木锤击震将砖缝挤严，令四角合缝，砖面平整。

2. 墙体

（1）外墙体的修复：采用低水压配合人工使用磨砂纸细磨，冲洗并铲除面层苔藓、发黑部位；检测残留水渍部位并轻敲，对已起鼓或空心的水渍部分批荡敲除；剔除墙体开裂部位；采用水泥砂浆掺防水剂对批荡破损部位进行修补。修补墙体的水泥砂浆批荡添加与原有批荡色系相接近的色料，使外观整体效果相协调。

（2）内墙体修复：首先将墙体表面起皮及松动处理干净，将灰渣铲干净，然后将墙体表面扫净；修补前，先涂刷一遍用三倍水稀释的107胶水，然后用水石膏将墙体表面的孔洞、缝隙补平，干燥后用砂纸将凸出处磨掉，将浮尘扫净，接着刮腻子，干燥后用砂纸磨平并扫干净；刷一遍乳胶漆，待干燥后复补腻子，待干后用磨砂纸磨光，清扫干净；刷第二遍乳胶漆，操作与第一遍相同。

3. 天花

（1）清理天花破损位置表面，处理干净表面起皮及松动，将灰渣铲干净。

（2）人工使用钢丝刷和磨砂纸对外露钢筋进行除锈。除锈后表面抹1∶2或1∶2.5水泥砂浆，使露筋部分充满，再予抹平，并保证保护层厚度。

（3）根据柱上弹出的标高基准墨线，用粉线在顶板下长约100米的四周墙面上弹出一条水平线，作为板抹灰的水平控制线，通线设置灰饼。

（4）在顶板混凝土湿润的情况下，先刷素水泥浆一道，随刷随打底，打底采用1∶1∶6水泥混合砂浆。对顶板凹度较大的部位，先大致找平并压实，待其干后，再抹大面底层灰，其厚度每遍不超过8毫米，然后用压尺刮抹顺平再用木磨板磨平，使之平整稍毛但不过于粗糙，没有凹陷深痕。

（5）抹罩面灰：待底灰约六七成干时，抹面层纸筋灰。涂抹时先分两遍抹平，压实。待面层稍干，"收身"时（即经过铁抹子压磨灰浆表层不会变为糊状时）及时压光，使之无匙痕、气泡、接缝不平等现象。同时，天花板与墙边或梁边相交的阴角成一条水平直线，梁端与墙面，梁边相交处成垂直线。

（6）天花破损面积较小的，采用修补缺损口后，刷乳胶漆处理，方法与"内墙体修复"相同。

4. 柱子、柱础

对麻石柱剔除青苔，清洗冲洗，湿布擦干；对室内柱子用湿布擦干净；对天台柱子使用磨砂纸细磨发黑、滋生苔藓部位，清水冲洗、湿布擦干，使用水泥砂浆掺防水剂修补批荡缺失部位。

5. 门、窗

（1）现存门、窗的修复：打磨木基层，在微细裂缝（5毫米内）处用腻子勾抿，对一般裂缝则用通长、厚度与门板相同的木条嵌补粘接，在上门轴、窗轴的外皮和连榀孔内各套一个铁板筒。

（2）新制门、窗：拆除后期改建门、窗，按图纸复原为木门、木窗。

（3）新旧门、窗油漆处理：打磨木基层；刮细腻子一道，用砂纸打磨找平，湿布擦净，用桐油加矿物质颜料刷一道；干后用细砂纸细磨，湿布擦净，用桐油加矿物质深红色颜料刷一道；干后用细砂纸细磨，湿布擦净，用桐油刷一道；凡油漆设色，均由施工单位先调试颜色样板，经设计及建设方选定后方油漆。

图3-38　绵始大楼
维修后外观

6. 栏杆

（1）珐琅瓶栏杆修复：剔除青苔，清洗冲洗，湿布擦干。

（2）钢筋砼栏杆修复：用钢丝刷或压力水冲洗干净后，人工使用钢丝刷和磨砂纸对外露钢筋进行除锈，并避免在雨湿天气进行。除锈后在表面抹1：2或1：2.5水泥砂浆，使露筋部分充满，再予抹平，并保证保护层厚度。对于较深露筋，凿去薄弱混凝土和突出骨料颗粒，洗刷干净后，用同标号混凝土填塞并压实。

图3-39　绵始大楼维修后内部

图3-40　绵始大楼维修后楼梯

7. 排水

疏通天台、走廊排水沟；对室外排管进行查漏。

8. 防腐、防蚁

所有新添木材做防腐防潮防白蚁和防火处理。

四、活化利用

在修缮基础上，珠海高新区于绵始大楼内设立东岸村史馆。展馆通过图文资料及实物等，全面介绍东岸村的概况和村落起源与发展，展现东岸村"东乡江夏世代蕃衍传四海、岸地风光千年创业裕万家"的风采。

图3-41　设在绵始大楼四楼的东岸村史馆

第五节

蔡昌旧居

蔡昌旧居是著名实业家、侨商、大新公司创始人蔡昌的旧居，2011年被公布为珠海市文物保护单位。

一、蔡昌简介

蔡昌（1877—1953），广东香山县外坐乡（今珠海市唐家湾镇北沙社区）人，出身于一个农民家庭，其父蔡锵瑞，以织粪箕出售营生，育有蔡跋、蔡兴、蔡好（女）、蔡昌和蔡聪五个子女，蔡昌排行第四，少时务农。14岁时随长兄蔡兴到澳洲悉尼种植蔬菜兼做小生意，后经营百货有所积蓄，创建中国近现代规模最大、驰名中外的四大百货公司之一——大新公司。蔡昌先后担任香港慈善机构保良局局长、东华三院董事长、香港中山海外同乡济难总会委员等职。

民国十八年（1929），国民政府第十九次国务会议确立中山县为模范县，成立以唐绍仪为首的中山县训政委员会，蔡昌被推选为委员之一。同年，蔡昌向岐关车路公司参股880股，开筑岐关公路。他热心公益事业，于民国十九年（1930），出资在外沙村建造三层（后增为六层）高楼的新式学校——礼和小学，免费招收附近各村儿童入学，学生达三四百人。此外，他常捐资救济穷困乡亲。

1953年蔡昌在香港病逝，享年77岁。

二、故居简介

蔡昌旧居位于唐家湾镇北沙社区外沙村91号。坐东北向西南，面阔两间，左间一进，右间两进，左侧与蔡氏大宗祠相接。总面宽8.06米，总进深10.41米，前檐高2.4米，总建筑面积约83.9平方米。硬山顶，砖木结构，青砖墙，凹肚门，辘筒瓦屋面。整个建筑布局和造型具有传统岭南民居建筑特色。

三、维修保护

2017年，珠海高新区启动蔡昌旧居修缮工程，建设单位为珠海唐家湾文化旅游有限公司，设计单位为潮州市建筑设计院，施工单位为广东五华一建工程有限公司，监理单位为深圳市勘察研究院有限公司，2017年6月22日开工，2017年8月30日竣工。

（一）维修前损毁情况

1. 右次间前墙后开门窗洞，前檐、山墙压顶、批灰被后人改建、拆除，加砌青砖；墙角被红砖局部修补，墙脚受潮、发霉；屋面被严重修改，屋脊下沉、开裂，高度被降低，面层批灰开裂、风化，瓦面起伏、下垂严重，大部分檩条、桷板、脊檩（主梁）严重霉烂、虫蛀，一条檩条折断、部分弯曲下垂，结构存在较大安全隐患，随时可能垮塌；地面地砖破烂，覆盖尘土、垃圾；房门缺失，木窗严重霉烂，原有阁楼缺失，原阁楼的檩条、楼板缺失。

2．主座门口墀头灰塑破损、风化严重，山墙灰塑草龙严重风化、部分残损；大门、木门框严重霉烂，外矮栅门、

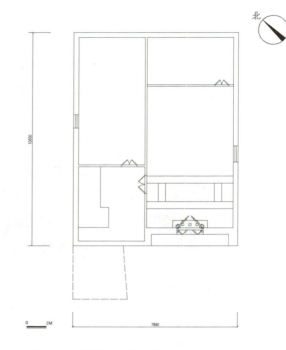

图3-42　蔡昌旧居平面图

内防盗企栋柱缺失，后加防盗铁闸门；屋面被后改与原形制不同，天井处被封堵，辘筒裹垄砂浆风化严重，后加建排水沟堵塞严重，长满杂草，多处漏水，檩条截面偏小、后用孖檩修补，檩条、桷板霉烂、虫蛀严重；一进左侧后开门洞，右侧通右间门洞被封堵，二进左墙后加窗户，室内多处开门窗，原木门窗霉烂；墙体严重受潮、发霉，砖缝灰浆缺损，后被粉刷灰浆，左右山墙草龙破损、脱落，后檐口博

图3-43　蔡昌旧居维修前

古草龙大部分褪色、脱落；室内地面受潮，长杂草、青苔，天井地面被填平，红阶砖地面破烂，部分被水泥砂浆修复，残留混凝土基座。

3. 门外地面采用水泥砂浆罩面，左侧破烂，右侧被抬高约18厘米，门口左侧地面与蔡氏大宗祠相接处部分破烂，左侧通巷堆满杂物，不利排水。

（二）工程主要内容

1. 屋面整体揭瓦重盖，复原主座及天井屋面，前檐口根据原状进行恢复，恢复右次间卷棚屋面，清洗屋面板瓦及筒瓦，补配缺失及破损的瓦件材料，复原贝灰砂浆、锚固件、土瓦勾头（无滴水瓦）；按原材料原尺寸整体更换重做檩条、桷板、飞橼，对开裂的可续用的檩条进行修补加固，复原屋面。

2. 拆除主座左侧后装铁门、左侧后装木窗、右次间右山墙后开门洞，恢复主座右侧通往右次间门洞，封堵左次间前面墙体后开的窗洞；清理主座墙面青苔、杂物、灰浆等，修补清水墙砖缝，恢复清水青砖墙面；恢复右次间墙体上部被拆除部分、顶部压顶及批水，拆除转角下部墙体局部后砌红砖墙，恢复青砖墙体，清理外墙面受潮、发霉部分。

3. 铲除天井后被填平地面，恢复原条石地面，拆除设备基座、破烂地面填补的水泥砂浆，拆除破烂红阶砖地面，复原缺损、破烂的红阶砖地面，清理杂物、垃圾等，拆除门前破烂外地面、右侧被抬高的地面，用水泥砂浆罩面修复。

4. 复原故居大门外缺失的外矮栅门，拆除霉烂的木大门、木门框、木窗门、木

图3-44　蔡昌旧居维修后

窗框，重做复原木大门、木门框、木企栋柱、木窗门、木窗框，修复、加固破损木窗，修复主座一进前檐口板、天井檐口板、二进前檐口板。拆除二进右次间已下沉变形的正脊，按传统材料采用传统工艺重塑复原，修复正脊、垂脊，复原主座与右次间压顶脊饰、墙体。

5. 参考左墀头灰塑做法，修复门口墀头严重破损、风化的灰塑，山墙严重风化、部分残损的灰塑卷草龙进行修复，修复复原褪色、脱落的博古草龙，修补修复边框线及框内乌烟罩面，清理覆盖凹肚门前檐墙头彩画。

6. 屋面檩条、桷板、门窗及新添木材，均作防腐、防蚁处理，均刷熟桐油漆三遍，油红色油漆。

7. 疏通复原主座排水系统，清理左通巷，疏通排水，重砌门前左侧排水井、管道。

第六节

望慈山房

望慈山房是民国第一任内阁总理、近代著名政治活动家、外交家唐绍仪的私人别墅，于1986年被公布为珠海市文物保护单位，2008年11月与唐绍仪故居、共乐园一起被公布为广东省文物保护单位。

一、唐绍仪简介

唐绍仪（1862—1938），广东香山县唐家乡（今属珠海市唐家湾镇）人。1874年为第三批赴美留学幼童，以优异成绩中学毕业并于1881年入哥伦比亚大学文科。同年夏，与其他官派学生一起遭清廷勒令回国。次年，以德国人穆麟德的随员前往朝鲜襄助海关事务。1884年在朝鲜遭遇甲申政变，唐临危不惧，持枪坚守穆麟德宅，给袁世凯留下深刻印象。1885年到天津税务衙门任职。随后被派往朝鲜办理税务，成为清政府驻朝鲜大臣袁世凯的书记官和得力助手。1901年，袁世凯擢升为直隶总督兼北洋大臣，唐绍仪出任天津海关道。唐绍仪在任期间，办理接收八国联军分占的天津城区、收回秦皇岛口岸管理权等事务，成就斐然。1904年以清政府议藏约全权大臣身份赴印度与英国人谈判，极力维护中国对西藏的领土主权。先后两次与英国办理交涉，签订《中英续订藏印条约》，使英国确认中国对西藏地方的领土主权。

武昌起义后，充当袁内阁全权代表，于1911年底开始与民军全权代表伍廷芳举行议和谈判，达成在湖北、陕西、安徽、江苏、奉天等地的停战协定。后继续与伍廷芳秘密磋商关于清帝退位的优待办法，以及孙中山的辞职和由袁世凯继任的各项问题。袁世凯就任临时大总统后，为第一任内阁总理。

由黄兴、蔡元培介绍，加入同盟会。1912年3月到南京组织新内阁，4月迁往北京。唐力图推行责任内阁制，同袁世凯的意图不能相容，被迫弃职离京。1917年参加广州护法军政府，任财政总长，后为七总裁之一。1919年，第二次南北和谈，北洋军阀政府与护法军政府谈判议和时，唐绍仪为南方总代表。之后唐成为广州国民政府重要成员。

1920年后退居家乡。至民国十八年（1929），国民政府定中山县为模范县，唐绍仪欣然接受中山县训政实施委员会主席之任。民国十九年（1930）6月12日，中山县县治从石岐迁至唐家。民国二十年（1931）2月，兼任中山模范县县长，实施其以唐家为中心建设中山模范县之计划，该计划包括基础设施建设、发展实业、加强农渔业和乡村建设、引进外资和发展教育诸方面，而以开辟唐家无税商港为重点。他多次邀请粤省要人和专家前往唐家湾考察，还编印《中山县发展大纲》，散发到港澳和海外，想方设法从各方面筹集资金。他在任上从撰写提案到招揽人才，再到招商引资，事必躬亲，注意为政清廉，革除官吏衙门陋习，常微服察访，及时解决一些实际问题，有布衣县长之称。1934年10月，拥有广东军政实权的陈济棠策划"中山兵变"，百余名县兵包围望慈山房，声称索饷防匪，并将新任公安局长林警魂捆绑。唐绍仪被禁锢，被迫辞去县长一职出走香港，继而坚辞西南所有政职，持续5年的中山模范县建设高潮亦随之烟消云散。1937年抗战爆发后，唐绍仪滞留上海。次年在上海寓所被国民党军统特务刺杀身亡。

二、山房简介

望慈山房位于珠海市唐家湾镇山房路12号，建于民国十八年（1929）。坐西北向东南，建筑占地面积612平方米。分前后两座，门前有花园。前座为石墙混凝土混合结构，有门楼、厅、房、工作间及厨房；后座是二层高的砖石混凝土混合结构楼房。正门石门额阳刻"望慈山房"，为唐绍仪手书。前座有望台伸出，可远眺唐母梁太夫人茔地，表达唐绍仪建楼纪念其母的情意，因此又称此楼为"望母楼"。

建筑建成后至1934年10月期间，唐绍仪和家人在此居住过一段时间。唐绍仪兼任中山模范县县长时，望慈山房曾作为中山模范县县长办公室，后座作为侍从人员用房。抗战胜利后，唐榴等唐绍仪四子联名将望慈山房借给六区中学使用。1950年4月，中国人民解放军为解放万山群岛，派出参战部队进驻唐家湾，在望慈山房设联合指挥部。之后，该房长期由唐家中学使用，主要作为教导处、课室、宿舍使用。

主座原为毛石砌单层平房，钢筋混凝土梁板，屋面原为一个大平台，四周有女儿墙。20世纪50年代末，加建二层，红砖砌清水墙，硬山顶，传统辘筒瓦屋面，并在前座与后座天井处加建楼梯。1989年，唐绍仪之妻吴维翘委托女儿唐宝瑢回乡将望慈山房捐赠给唐家镇人民政府，此后，望慈山房被长期作为唐家湾老人活动中心使用。

在老人活动中心使用期间，曾对前座一楼阶砖地面进行重铺；在前座门前左侧加建洗手间；对前座二层进行重新装修改为乒乓球活动室，外墙原有铸铁镶嵌玻璃窗被改为铝合金玻璃窗，内墙面重新粉刷；左侧附属建筑后面两间砖瓦平房于2013年坍塌后，将其改为单层砖混建筑。

三、维修保护

2018年，珠海高新区启动望慈山房修缮工程，建设单位为珠海高新区（唐家湾镇）文化中心，设计单位为潮州市建筑设计院，施工单位为潮州市建筑安装总公司，监理单位为珠海市建设工程监理有限公司。2018年9月27日开工，2019年3月25日竣工。

（一）维修前损毁情况

1. 前花园围墙后贴瓷砖，后加防盗铁栏，入口处后加门楼；前座门口与巷道之间后加砌筑贴瓷砖墙，右侧通巷内后加建锌铁棚、防护网及面盖彩钢瓦以及贴瓷砖地面，巷道右侧门洞后被封堵；天井后加建锌铁棚、彩钢板雨篷、角钢骨架、吊顶以及砖混灶台、储物柜和砖墙；前座门口左侧后加建彩钢瓦雨篷、角钢骨架，附属建筑前面后加建洗手间且墙面贴条形瓷砖，与后座之间原天井处后加建钢筋混凝土屋面和贴瓷砖地面。

2. 后座残留插旗杆用的红砖砌底座、石棉瓦，天沟排水堵塞、渗水严重、长有植物；前座檐口板破损、霉烂，二层包括阳台和楼梯屋顶均加建铝扣板吊顶；整体屋面残损，瓦片下滑，辘筒断裂、破损，裹灰部分风化，蠔灰流失；附属建筑前房屋面木桷板偏小，前座和后座的檩条桷板均出现霉

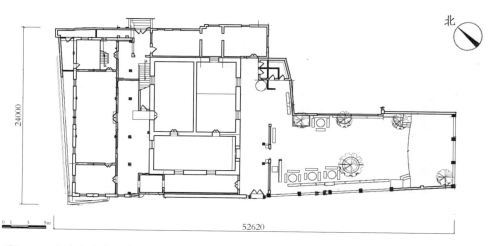

图3-45　望慈山房首层平面图

图3-46　望慈山房前座正立面图

图3-47　望慈山房侧立面图

图3-48　望慈山房前座剖面图

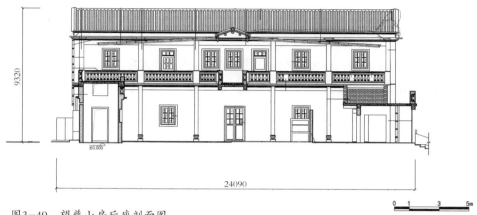

图3-49　望慈山房后座剖面图

烂、蛀蚀情况；木构件油漆陈旧、老化，局部渗水。

3. 前座二层阳台外墙混凝土爆筋，钢筋腐蚀；室内墙壁空鼓、受潮；室外墙壁发黑、有污渍，灰塑发黑残损。

4. 附属建筑前房间右侧外墙后贴条形瓷砖；墙面批荡、发黑、长青苔，附属建筑前房间原有窗被改造；女儿墙及腰线局部破损；后部两间玻璃窗后改建且其中一间的屋面被改成钢筋混凝土板，花瓶缺失。

5. 前座室内地面部分被后改水泥砂浆铺地、被后用素水泥浆勾缝、被后改与原材料颜色不符的红阶砖修补，右边巷道与后座之间地面被改为水泥砂浆地面，后座走廊局部被用水泥砂浆修补。

6. 前座首层双开推拉木门老旧掉漆、趟轨残损推拉不顺，室内前房门被后改为不锈钢门，内房原窗户被后改为门；二层后改为不锈钢门以及后开铝合金玻璃窗户；后座木门被后改为与原风格不同的样式，木楼梯、木扶手、木楼板、檩条发霉、破损，踢脚线、花瓶缺失；前座、后座双开百叶窗均残损、缺失，被改为风格不同的样式。

（二）工程主要内容

1. 拆除门楼、防盗铁栏、瓷砖墙、锌铁棚、彩钢板雨篷、防护网、彩钢瓦、吊顶、贴瓷砖地面、灶台、储物柜和洗手间，以及原天井后加建钢筋混凝土屋面。

2. 清理后座屋面植物，拆除后座屋面后加石棉瓦，所有辘筒瓦屋面进行揭瓦重盖，揭瓦后按原材料原尺寸更换屋面朽烂、蛀蚀的檩条、桷板、飞椽，对开裂可继用的檩条进行修补加固；清洗屋面板瓦及筒瓦，补配屋面欠缺古制红泥板瓦、筒瓦及勾头瓦，按传统工艺复原屋面，复原屋面贝灰砂浆和锚固件，修复屋面压顶正脊、斜脊，检查、修复、加固前座屋面梁架，前座与后座之间天井加装铝合金玻璃雨棚屋面，右侧耳房屋面重做防水。

3. 清理前座外墙面污渍、灰尘，铲除内墙面破损、空鼓受潮发黄的批灰层，清理残旧老化的墙面涂料，墙面打磨平整，采用贝灰砂浆修补复原；清洗后座外墙面污迹，针对污渍发黑部分进行清理，清理走廊石柱面层灰浆层，修复走廊柱及梁底面层水刷石，清理毛石砌围墙面层污渍，修复围墙白泥阶砖压顶。

4. 铲除前座大厅内后铺水泥地面，复原红阶砖地面，铲除前座后房间

图3-50　望慈山房
侧立面维修前

图3-51　望慈山
房侧立面维修后

图3-52 望慈山房正立面维修前　图3-53 望慈山房正立面维修后

内后铺红阶砖，复原白泥阶砖，清除前座内地面素水泥浆勾缝；清除后座地面后补水泥浆，复原白泥阶砖地面；重做前座右侧巷内水泥砂浆地面，拆除前座与后座之间天井左侧瓷砖地面、前花园洗手间，重做水泥砂浆地面。

5. 复原所有外双开窗、内双开玻璃窗、铁棂条木窗；用条形仿木纹铝扣板装饰重做前座二楼吊顶，周边做木线条装饰；修复前座大门双开推拉木门及趟轨，复原前座房间木门，恢复内房间窗户，复原麻石窗框、木框，修复、加固前座屋面檐口板；复原后座门窗，复原缺失的亮子、缺失的玻璃，首层复原直径14毫米的防盗铁枝，修复更换后座木楼板、檩条，修复、加固后座楼梯，复原缺失的楼梯扶手、踢脚线。

6. 清理修补前座外墙混凝土装饰线条，铲除主座二层阳台女儿墙内墙面瓷砖并重新批荡，清理外侧面并修复灰塑线条，修复爆裂钢筋混凝装饰线条；清理修复后座灰塑线条，复原缺失的花瓶；清理、修复附属建筑灰塑线条，补配缺失、残损的花瓶及琉璃花窗；清理毛石砌围墙面层污渍，修复围墙白泥阶砖压顶。

四、活化利用

一是前座一楼进行家具实景复原展，与庭院仍作为唐家湾老人活动中心活动场所，同时按老人活动中心的要求，保留花园戏台并加以修整，使之与房屋本体风格接近；二是在前座二楼设立唐绍仪生平展，并于2020年6月正式对外免费开放。展馆分为"学子·海外""能臣·施展""总理·抉择""耆老·返乡""身后·追忆"五部分，以丰富翔实的图文资料、历史照片、书籍实物以及多媒体手段全方面、多角度展示唐绍仪从留学海外、朝廷任职、奔走于民主建设、退隐家乡建设家乡而后又被迫离开故乡的不凡的一生；三是后座作为临展区域，2020年曾展出珠海高新区革命遗址普查成果展。

图3-54　设在望慈山房前座二楼的唐绍仪生平展

【 第 四 章 】

祠　堂

第一节

那洲古氏大宗祠

那洲古氏大宗祠是那洲古姓村民的始祖祠，于2011年11月被公布为珠海高新区不可移动文物，2012年7月被公布为珠海市不可移动文物，2018年2月10日被公布为珠海市文物保护单位。

一、宗祠简介

古氏大宗祠位于珠海市唐家湾镇那洲村三村。建于清道光十八年（1838）。坐西南向东北。原为广三路平面布局，占地面积508.1平方米，现仅存中路和右青云巷小门楼。总面宽12.96米，总进深25.19米。中路面阔三间，两进两廊夹一天井。抬梁与穿斗混合木构架。硬山顶，灰瓦面，博古脊。木雕花封檐板，有石雕、灰塑和彩画。头门前廊为青砖墙、石墙基，其余山墙均为三合土舂砌而成。凹肚式门楼，虾公梁上置雕花柁墩，石门额阳刻"古氏

图4-1　那洲古氏大宗祠维修前

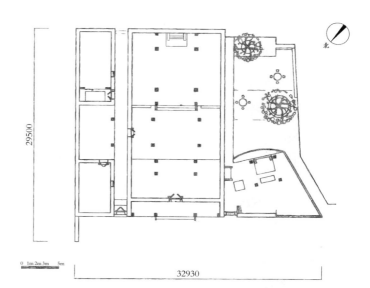

图4-2 那洲古氏
大宗祠平面图

0 1m 2m 3m 5m

32930

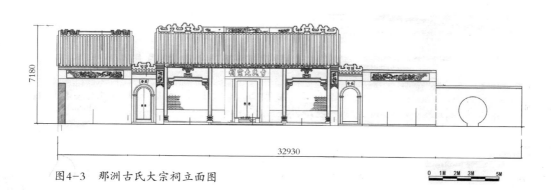

图4-3 那洲古氏大宗祠立面图

0 1M 2M 3M 5M

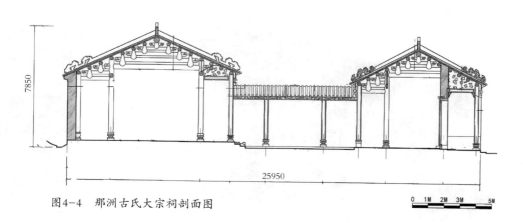

图4-4 那洲古氏大宗祠剖面图

0 1M 2M 3M 5M

大宗祠"，是研究珠海地区祠堂文化及古氏家族历史的实物资料。

古氏大宗祠抗战前曾做那洲村"崇德学校"，中华人民共和国成立后做过大队粮仓，20世纪80年代曾做厂房，其时后座屋顶已坍塌，全屋均为使用功能而改建。2008年6月，在古氏族人的多方努力下，因破败而被空置多年的古氏大宗祠，恢复了祠匾，其后又在古氏大宗祠维修临时理事会的倡议下发起古氏族人募捐资金修建铁皮屋顶，并对宗祠的环境做了清理及维护。

二、维修保护

2015年，珠海高新区启动古氏大宗祠修缮工程，建设单位为珠海高新区社会发展局，设计单位为潮州市建筑设计院，施工单位为潮州市建筑安装总公司，监理单位为珠海市建设工程监理有限公司，2015年12月19日开工，2016年2月26日竣工。

（一）维修前损毁情况

1. 古氏大宗祠维修前被村民戏称为"那洲村大三巴"，意指祠堂残损严重，仅残留头门墙体。其时，除一进残留部分瓦顶屋面，后座屋面早已坍塌，后改的铁皮屋面亦已严重漏水；梁架白蚁蛀蚀，后加混凝土柱支撑，檩条、桷板、飞椽霉烂蛀蚀。

2. 部分三合土墙体残损、受潮、开裂。

图4-5 那洲古氏大宗祠维修后

图4-6　那洲古氏大宗祠维修后内部

3. 青云巷门楼、一进屏门、木门窗均缺失。

4. 厢房二进正脊缺失，屋面脊饰风化、残损，灰塑彩画风化、脱落。

5. 主座地面被改建成混凝土，厢房地面破损，堆满杂物。

（二）工程主要内容

1. 拆除铁皮屋顶，补配缺失古制白泥板瓦、筒瓦及勾头瓦，复原辘筒瓦屋面；更换霉烂蛀蚀檩条、桷板、飞椽；复原缺失正脊、垂脊、脊饰，恢复青云巷左门楼及博古脊饰。

2. 拆除后加建及改建的墙体、后砌砖柱，封堵后开门洞、窗洞，修复墙体裂缝，按传统做法复原三合土墙，复原连廊檐口石柱及柱础、金柱及柱础，恢复连廊博古梁架，恢复二进瓜柱、梁架以及博古梁架，清理风化、空鼓墙面，内墙面重新批白灰。

3. 定制复原木构件，重做复原残损木制金柱，重做复原大门窗扇。修复加固一进后檐左瓜柱抬梁梁架，更换严重霉烂的木构件；扶正、加固一进前檐外倾石柱、柱础，修复加固一进前檐博古梁架，加固梁头入墙部分；新造一进大门，重做复原石门槛、木门槛，重做木门扇；恢复宗祠内所有缺失的木门、木窗、木雕封檐板。

4. 所有木构件做防虫、防白蚁、防腐及油漆保护处理。

5. 铲除后铺红阶砖及水泥砂浆地面，降低至原地面高度，恢复红阶砖地面，清理地面杂草、灌木。

6. 复原二进山墙、连廊内墙头灰塑草龙、边框线条、黑白草龙、乌烟罩面及边线，修复连廊外墙灰塑草龙、边框线条及乌烟罩面。

7. 疏通排水，增设青云巷排水暗沟。

三、活化利用

古氏大宗祠修缮完工后，高新区在祠内增设了那洲村史馆和社区文化活动室。村史馆在文史资料静态展示的同时加入多媒体设备，动态展示那洲村的地理环境、历史沿革、历史名人、文化遗产以及今日风貌等，方便村民及游客了解那洲村本土历史文化。古氏族人还筹资在古氏大宗祠主座享堂重建做工精致的神龛，恢复传统祭祖活动，为凝聚乡情，传承中华优秀传统文化，服务本地区经济、文化建设发挥良好作用。重修启用的那洲古氏大宗祠与邻近的古元故居组团，兼具为社区居民提供公益性的文化休闲活动场所、展示那洲历史文化和对外文化交流的窗口、发展乡村旅游的历史文化景点的多种功能。

图4-7 设在那洲古氏大宗祠厢房的那洲村史馆

第二节
北沙卢氏孖祠

北沙卢氏孖祠是为了纪念卢景福和卢浚菴两兄弟所建的祠堂，于2011年11月被公布为珠海高新区不可移动文物，2012年7月被公布为珠海市不可移动文物，2018年2月被公布为珠海市文物保护单位。

一、人物简介

卢景福为北沙村卢氏十三世祖日跻次子，为卢氏十四世祖，名光连，字雨介，号景福。卢浚菴为其弟。

二、卢氏孖祠简介

卢氏孖祠位于珠海市唐家湾镇北沙社区下北村79号，建于清光绪三十年（1904），由景福卢公祠和浚菴卢公祠组成，两祠的建筑布局、形式基本相同，均由主座、前院、厢房、后侧附属房组成。总面宽均为20.39米，总进深均为36.97米，建筑面积均为753.82平方米，两祠总建筑面积为1508平方米。主座均为面阔三间，二进两廊夹一天井；边路厢房为三进单开间，室内局部设阁楼；后侧附属房为一进两开间。建筑曾被改为学校使用。

建筑地面采用传统岭南麻石、大阶砖铺地；青砖墙体，麻石墙裙；硬山顶，灰瓦面，主座和厢房前檐采用蓝琉璃勾头、滴水，其他为素瓦勾头；附属房建筑镬耳山墙，其他人字山墙，博古脊；麻石柱础，檐柱麻石方柱，室内为木柱；主座前檐麻石虾公梁，麻石驼峰雀替；有石雕、木雕、砖雕、灰塑和壁画；祠内保存有多幅杨瑞石等壁画大师的作品，大部分壁画清晰可见，具有较高价值。

卢氏孖祠建筑规模之大、结构之精美，是珠海地区祠堂建筑少有的精品之一，是研究珠海地区祠堂文化及卢氏家族历史的实物资料。

三、维修保护

2015年，珠海高新区启动北沙卢氏孖祠修缮工程，此次工程主要针对主座、厢房的修缮以及前院地面的局部整治（后侧附属房未列入本次修缮）。工程建设单位为珠海高新技术产业开发区社会发展局，设计单位为珠海思成建筑设计有限公司，施工单位为佛山市工程承包总公司，监理单位为珠海市建设工程建理有限公司，2015年12月20日开工，2016年2月18日竣工。

（一）维修前损毁情况

1. 前院

前院围墙为后砌，地面局部被改为水泥铺设，水泥地面起鼓、开裂。

2. 景福卢公祠损毁情况

（1）头门木门开裂严重，油漆脱落。

（2）一进隔扇门、屏风门缺失，头门后开窗洞被用与原墙体不同砌筑方法封堵，心间、侧廊内墙表面被刷白灰水，外墙表面后期批水泥划砖线，大阶砖地面风化，侧廊门扇缺失，木雀替残损，檩条、桷板、飞椽开裂、蚁蛀，蓝琉璃勾头、滴水部分缺失，正脊后倾，右垂脊缺失，灰塑脱落，辘筒瓦裹灰脱落，瓦片开裂、脱落。

（3）二进隔扇门缺失，花窗洞口被青砖封堵，内墙表面被刷白灰水，部分被刷黑板样式水泥块后开门洞封堵，外墙表面被批水泥划砖线，大阶砖地面风化，侧廊门扇缺失，木雀替残缺，檩条、桷板、飞椽开裂、蚁蛀，侧廊的前檐蓝琉璃勾头、滴水、后檐素瓦勾头均缺失，博古正、垂脊缺失，辘筒瓦裹灰脱落，瓦片开裂、脱落。

（4）青云巷门扇缺失。

（5）左厢房后开门洞、窗洞、被刷黑板样式水泥块，内墙表面被刷白

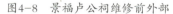

图4-8 景福卢公祠维修前外部　　　　图4-9 景福卢公祠维修前内部

灰水，外墙表面后期批水泥划砖线，一进地面被改为水泥地面，大阶砖地面风化；屋面一进后檐和三进前檐被改建，正脊、垂脊灰塑脱落，部分脊饰缺失；一进前檐蓝琉璃勾头、滴水、素瓦勾头部分缺失，辘筒瓦裹灰脱落，瓦片开裂、脱落。

（6）后屋门扇缺失，门洞被封堵，麻石柱间被加建墙体，中间墙体缺失，后开门洞、窗洞被封堵，大阶砖地面风化，檩条、桷板、飞椽开裂、蚁蛀，正脊、垂脊灰塑、辘筒瓦裹灰脱落，素瓦勾头缺失，瓦片开裂、脱落；壁画表面被白灰不同程度覆盖、脱落。

3. 浚菴卢公祠损毁情况

（1）主座头门木门开裂、油漆脱落，麻石梁头残损，墙体后开窗洞被用与原墙体不同砌筑方法封堵。

（2）一进隔扇门、屏风门缺失，心间墙体被刷黑板样式水泥块，后开门洞被用与原墙体不同砌筑方法封堵，大阶砖地面风化，木雀替残损、缺失，檩条、桷板、飞椽开裂、蚁蛀，蓝琉璃勾头、滴水、博古正脊和垂脊缺失，屋面辘筒瓦裹灰脱落，筒瓦、板瓦断裂，瓦面下垂，檐口瓦片脱落。

（3）二进隔扇门、侧廊门扇缺失，原花窗洞被封堵，后开窗洞被用与原墙体不同砌筑方法封堵，侧廊、二进大阶砖地面风化，木雀替残损、缺

图4-10　浚葊卢公祠维修前外部　　　　图4-11　浚葊卢公祠维修前内部

失、檩条、桷板、飞椽开裂、蚁蛀，二进博古正、垂脊缺失，侧廊的前檐蓝琉璃勾头、滴水、后檐素瓦勾头均缺失。

（4）青云巷门扇缺失。

（5）右厢房墙体后开门洞、窗洞、被刷黑板样式水泥块，一进地面被改为水泥地面，大阶砖地面风化，檩条、桷板、飞椽开裂、蚁蛀，屋面辘筒瓦裹灰脱落，檐口瓦片开裂、脱落，厢房一进和三进前檐被改建，一进前檐蓝琉璃勾头、滴水以及后檐素瓦勾头部分缺失，博古正脊、垂脊的

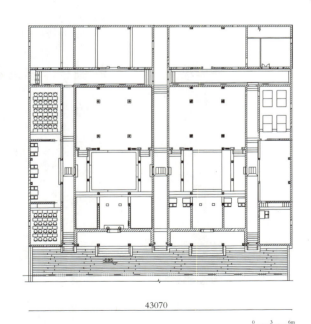

图4-12　北沙卢氏孖祠平面图

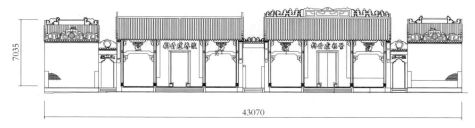

图4-13　北沙卢氏孖祠正立面图

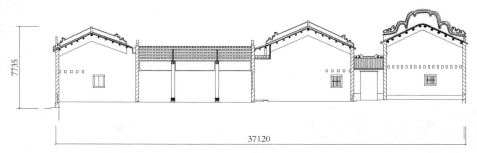

图4-14　北沙卢氏孖祠剖面图

灰塑脱落，部分脊饰缺失。

（6）后屋墙体上部局部坍塌，基础沉降，墙体倾斜严重，麻石柱间被加建墙体，檩条、桷板、飞椽蚁蛀，前檐脱落严重，博古正脊、垂脊灰塑脱落，素瓦勾头部分缺失，瓦片缺失，屋面漏雨；壁画表面被白灰不同程度覆盖、脱落。

（二）工程主要内容

1. 重铺前院起鼓水泥地面。

2. 修复开裂大门，重新油漆，恢复一进隔扇门、屏风门，复原缺失木雀替。

3. 拆除被砌堵门洞、窗洞，用青砖按原样重砌，恢复花窗洞，清洗墙面，复原缺失木门、木窗。

4. 拆除室内水泥地面，按原形制、原铺砌方式重铺大阶砖地面。

5. 揭瓦重铺屋面，拆除、更换开裂、腐烂的木檩条、桷板、飞椽，更换缺失蓝琉璃勾头、滴水、后檐素瓦勾头瓦当，复原缺失正脊、垂脊，复原厢房一进后檐、三进前檐，调正景福卢公祠正脊。

6. 所有木构件做防腐、防白蚁以及油漆处理；清理排水沟杂物，按原样进行修复；重新铺设电路等。

图4-15　北沙卢氏孖祠维修后

图4-16　景福卢公祠维修后内部

图4-17　景福卢公祠内的壁画

图4-18　俊菴卢公祠内的灰塑和壁画

图4-19　俊菴卢公祠维修后内部

图4-20　设在俊菴卢公祠厢房的北沙村史馆

四、活化利用

　　珠海高新区在修缮基础上于祠内设立北沙村史馆、社区文化室。村史馆从北沙村由来、历史沿革、家族史、历史人物、文化遗址、今日北沙以及卢氏祖训、家训等七方面，讲述北沙辉煌沧桑历史的同时，又展示改革开放以来，北沙人继往开来、锐意进取的精神新貌。北沙卢氏孖祠成为既具备历史、科普教育和展览的功能，又能为市民喜闻乐道的社区文化活动场所和乡村旅游景点。

第三节

上栅易初祠

　　上栅易初祠是茶叶商人卢阜华为纪念其父即上栅卢氏二十世祖卢易初而建的祠堂，于2011年11月被公布为珠海高新区不可移动文物，2012年7月被公布为珠海市不可移动文物，2018年2月10日被公布为珠海市文物保护单位。

一、卢阜华简介

　　卢阜华（生卒年不详），名汝荣，字阜华，号祝三，广东香山县上栅村（今珠海市唐家湾镇上栅社区）人。10岁离乡，赴汉口学木工。技艺渐精后，与人合作办木器作坊。至清道光三十年（1850），以木器生意发迹，后经营茶庄和钱庄，在汉口置有整条街的物业，并回乡建大屋、祠堂，为纪念其父将自己独力建造的家祠命名"易初祠"。

二、易初祠简介

　　易初祠原名"崇敬堂"，位于珠海市唐家湾镇上栅社区上栅大街56号，建于清光绪二十一年（1895）。坐西北向东南。广三路中轴线对称布局，并旁院；中路面阔三间，两进两廊夹一天井，左右路均为前、后厢房夹一天井。总面宽27.9米，进深两进共20.1米，占地面积576.7平方米。抬梁与穿斗混合木构架。硬山顶，灰瓦面，博古屋脊，花岗岩石基，青砖墙体，漆金木雕，人物情景封檐板，灰塑造型精美绝伦。易初祠规模较大，结构精美，以木雕见长，造型多变，工艺考究，保存完好，是珠海地区古建筑的精品，具有典型岭南文化特色和较高历史艺术价值。

易初祠后还有同期卢阜华捐衔所建"大夫第"，建筑面积约430平方米，面阔九间，为两座连排式两进宅第。屋前铺设一条并列七块石板的长巷连接易初祠。硬山顶，灰瓦面，屋脊有吻兽雕饰，水磨青砖墙，以闽南花岗岩石作一米高的裙墙基础，漆金木雕屏风，其建筑用料上乘，做工精巧，为珠海地区保存较好的岭南建筑典范，与易初祠形成一组独特的民居与祠堂连体的古建筑群。

1958年卢氏后人全部离开上栅迁居香港、广州等地后，易初祠借给上栅村人居住。"文化大革命"时期，祠堂被用作民兵营、村文化室等。1980年代末期始，卢氏后人委托村委会进行管理，其间长期出租用作电子厂至2000年。之后，一直空置，请人看管。2014年，在卢氏后人卢洁峰的协调下，上栅易初祠（含大夫第）正式委托珠海高新技术产业开发区社会发展局管理。

三、维修保护

2015年，珠海高新区启动上栅易初祠修缮工程，对易初祠中路及左右厢房一进进行重点维修，二进及大夫第进行保养维护处理，建设单位为珠海高新技术产业开发区社会发展局，设计单位为佛山市置地建筑设计有限公司，施工单位为广东五华一建工程有限公司，监理单位为珠海市建设工程监理有限公司，2015年12月20日开工，2016年4月3日竣工。

（一）维修前损毁情况

1. 易初祠青云巷门洞被封堵，一进两侧及左厢房等多处后加砖墙。

2. 头门大门油漆剥落、残损，牌匾缺失，封檐板油漆脱落、残损，石雕风化残损，木梁架油漆脱落、残损，一进屏风门、侧廊木门缺失，木柱油漆剥落、局部腐

图4-21　上栅易初祠维修前外部

图4-22 上栅易初祠维修前内部

图4-23 上栅易初祠维修前后座

朽，石柱础风化残损，
室内木梁架油漆脱落、
残损，封檐板油漆脱
落、残损，石雕风化残
损，木门缺失。

3．墙体多处被开
窗洞，对墙体结构整体
性造成影响，内墙面被
扫白灰水，外墙加建铁
皮棚，墙体受潮发黑。

4．大阶砖地面残

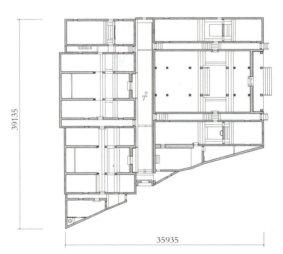

图4-24 上栅易初祠总平面图

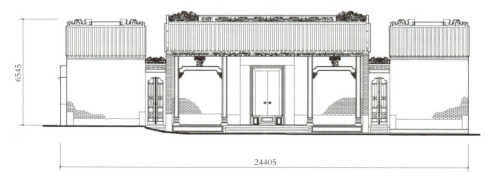

图4-25 上栅易初祠前座正立面图

图4-26 上栅易初祠后座正立面图

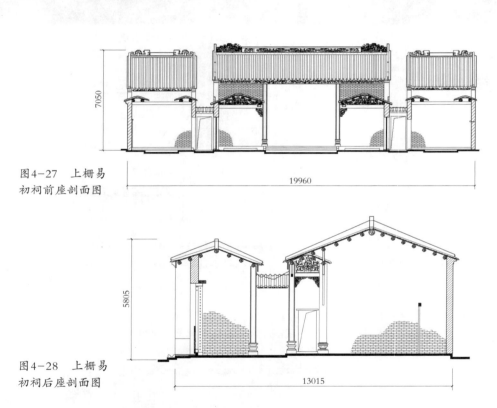

图4-27 上栅易
初祠前座剖面图

图4-28 上栅易
初祠后座剖面图

损、破碎、开裂严重，地面被铺设水泥、瓷砖。

5. 易初祠厢房、大夫第天井卷棚屋面大部分缺失且被后加建铁皮，青云巷门楼屋面坍塌，一进屋面开裂，正脊、垂脊风化残损，辘筒抹灰剥落、受潮发黑、瓦件移位，檩条油漆剥落、腐朽发白。

6. 后加建卫生间，后加电线，排水系统受损。

（二）工程主要内容

1. 拆除后加建厕所、后加墙体，封堵后开窗洞，恢复青云巷等原有门洞，修复外墙面批荡扫白，清洗麻石石脚、青砖墙面，恢复清水青砖墙体。

2. 铲除水泥、瓷砖地面，清洗、修复原有条石、阶砖地面，重铺残破严重的大阶砖地面。

3. 新造头门木门，复原侧廊木门等缺失的木门，修复封檐板，对木柱、梁架、檩条、桷板、雀替、花架、挂落等所有旧木构件重新上漆，对新木构件作防虫、防白蚁以及油漆处理。

4. 拆除后加铁皮屋面，修复青云巷坍塌门楼，恢复重铺厢房、大夫第天井卷棚屋面，揭瓦重铺主座和厢房一进屋面，补漏主座和厢房二进及大夫第屋面，检修木梁架，更换腐朽檩条，清洗、修复博古灰塑、草尾，修复正脊、垂脊。

图4-29　上栅易初祠维修后前座内部

图4-30　上栅易初祠维修后外部

图4-31　上栅易初祠维修后后座

5. 修复垂带，新造青云巷铁艺门等。
6. 统一整理电线，疏通排水系统，白蚁防治。

四、活化利用

2015年，高新区在修缮完成的祠堂内设立上栅村史馆、社区文化活动室、图书室等。其中，上栅村史馆设于易初祠主座，分别从上栅村的历史沿革、社会概况、姓氏源流、文物胜迹、英杰俊彦等方面多角度、全方位介绍上栅村的发展变迁，让人们在游览祠堂的同时比较直观地了解上栅古村人文历史深厚的前世今生。

图4-32　设在上栅易初祠前座的上栅村史馆

唐家翠屏唐公祠

　　唐家翠屏唐公祠是纪念唐家唐氏森轩房七世祖翠屏公的祠堂，于2011年被公布为珠海高新区不可移动文物，2012年7月被公布为珠海市不可移动文物，2018年2月被公布为珠海市文物保护单位。

一、祠堂简介

　　唐家翠屏唐公祠位于珠海市唐家湾镇唐家社区边山直街西侧。建于清光绪二十七年（1901）。建筑坐南向北，总面宽21.43米，总进深19.54米，总占地面积418.74平方米。祠堂由主座、东西侧厢房组成，由青云巷相连，广三路中轴线对称平面布局。中路面阔三间，两进两廊夹一天井。抬梁与穿斗混合木构架。硬山顶，灰瓦面，青砖墙，麻石墙裙，博古梁架，凹肚式门楼，雕版承檩，虾公梁上石狮顶花，砖雕墀头，内部漆金木雕，檐下有诗词、彩画，石雕、木雕、砖雕、灰塑工艺精美。

　　20世纪30年代初曾被用做中山县公安局。改革开放后长期出租，维修前被用作服装加工厂。

二、维修保护

　　2015年，珠海高新区启动翠屏唐公祠修缮工程，主要为祠堂主座和厢房的修缮。建设单位为珠海高新技术产业开发区社会发展局，设计单位为珠海思成建筑设计有限公司，施工单位为广东五华一建工程有限公司，监理单位为珠海市建设工程监理有限公司，2015年12月25日开工，2016年3月25

日竣工。

（一）维修前损毁情况

1. 后加建功能用房、阁楼、天井屋面。

2. 主座一进心间被改为水泥地面，二进大阶砖磨损、开裂，局部被改为水泥地面、青砖墁地，侧廊被改为瓷砖地面；主座台阶缺失，后加建功能用房，天井、侧廊地面抬高，排水系统缺失。

3. 一进头门门扇开裂、油漆脱落，屏风门、侧廊木门扇缺失，墙体局部后开门洞、窗口，部分洞口后用与原墙体不协调的砌筑样式封堵。

4. 侧廊屋面缺失，屋面破损严重，辘筒瓦裹灰脱落，筒瓦、板瓦局部断裂，屋面漏雨，存在安全隐患。博古正脊灰塑风化、残缺，一进后檐、二进垂脊局部缺失、糟朽。

图4-33 唐家翠屏
唐公祠维修前外部

图4-34 唐家
翠屏唐公祠维
修后外部

图4-35　唐家翠屏唐公祠维修前内部　　图4-36　唐家翠屏唐公祠维修后内部

（二）工程主要内容

1. 拆除后加功能用房、阁楼、天井屋面。

2. 铲除水泥地面及青砖墁地，恢复缺失台阶，恢复一进、侧廊原形制大阶砖斜铺地面，修补破损大阶砖，降低、平整、清洗地面，恢复排水系统。

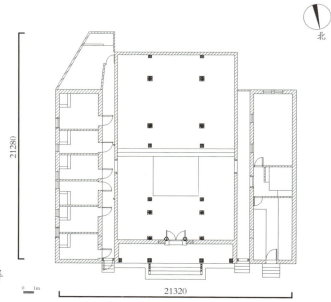

北

图4-37　唐家翠屏
唐公祠平面图

21280

0　1m

21320

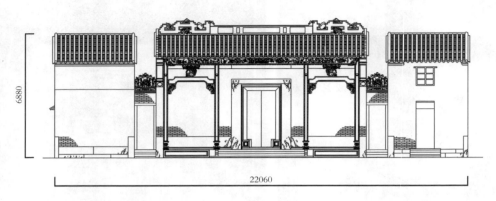

图4-38　唐家翠屏唐公祠正立面图

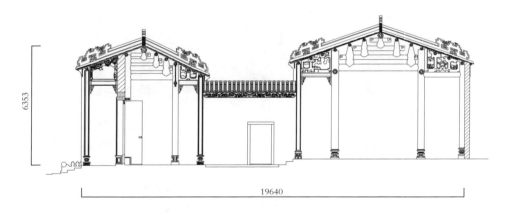

图4-39　唐家翠屏唐公祠剖面图

3. 缺失木门暂不进行复原，保留原木门位置痕迹，按原砌筑方法对后开门、窗洞口进行封堵，拆除后砌砖墙并按原砌筑方式进行封堵，清洗内墙表面，白灰勾缝。

4. 恢复两廊屋面，检修、补漏主座和厢房屋面，复原缺失勾头，修补檩条、桷板、飞椽等木构件，修补一进后檐及二进正脊、垂脊。

图4-40 设在唐家翠屏唐公祠的"唐家湾茶果"非遗传承基地

图4-41 设在唐家翠屏唐公祠的"药线灸"非遗传承基地

三、活化利用

祠堂修缮后，高新区于祠内设置"唐家湾茶果"传承基地与"药线灸"非遗传承基地。（"唐家湾茶果"于2010年入选珠海市非物质文化遗产代表作名录，"药线灸"于2011年6月入选珠海市非物质文化遗产代表作名录。）2017年，高新区（唐家湾镇）文化中心对翠屏唐公祠左右厢房进行修缮，加设"唐家湾茶果""药线灸"两个非遗项目的传习室，以进一步提升完善非遗传承基地，更好发挥其非遗传承作用。

第五节

鸡山三房祠

鸡山三房祠又名松鹤唐公祠，是纪念鸡山唐氏松鹤公的祠堂。

一、祠堂简介

鸡山村以唐姓为大宗，唐姓子孙的字辈排序按隐翠唐公祠楹联"国淑乃散兆，献瑞演千秋；福禄贻谋远，荣华晋爵隆。"鸡山村现存完好的唐氏的石屏、珠海、松鹤3间祠堂是为了纪念隐翠公的3个儿子：长子国珍（石屏公）、次子国敬（珠海公）、三子国琛（松鹤公）。因此，石屏唐公祠又称为长房祠，珠海唐公祠又称为二房祠，松鹤唐公祠又称为三房祠。

鸡山三房祠位于唐家湾镇鸡山社区居委会后，坐西南向东北，建于清道光年间。面阔三间，两进两廊夹一天井。总面宽11.42米，总进深18.92米，建筑面积216.07平方米。抬梁与穿斗混合木构架，硬山顶，人字形山墙，彩色灰塑博古脊正脊，直带式垂脊，青砖灰瓦，虾公梁，砖雕墀头，麻石墙脚，石柱。

祠堂产权归属鸡山股份合作公司，改革开放后长期出租作为经营场所。

二、维修保护

2015年，珠海高新区启动鸡山三房祠抢救性维修工程，建设单位为珠海高新技术产业开发区社会发展局，设计单位为佛山市置地建筑设计有限公司，施工单位为佛山市工程承包总公司，监理单位为珠海市建设工程监理有限公司，2015年12月26日开工，2016年4月6日竣工。

（一）维修前损毁情况

1. 头进前沿后加水泥台阶、洗手间，大部分被后铺水泥地面，头进及二进屋面木梁架被用钢加固；天井被封铁皮屋顶、加建水池；室内多处后加砖墙、砖柱、排水槽；木梁被白蚁蛀蚀严重，其中头进木梁架白蚁蛀蚀严重，大部分空鼓断裂，已失去承重功能。

图4-42　鸡山三房祠外部维修前

2. 屋面损坏较为严重，辘筒批灰剥落、挠曲、变形、瓦件移位、开裂，部分瓦当缺失，檩条与桁桷腐朽、发白、开裂、蛀蚀，正脊、垂脊均风化残损。

图4-43　鸡山三房祠外部维修后

图4-44　鸡山三房祠内部维修前　　　　图4-45　鸡山三房祠内部维修后

3. 前广场及天井地面被抬升，天井条石地面残损，仅保留局部麻石条石。

4. 室内墙面被批灰扫白，室外墙面抹灰批荡受潮发黑，墙体多处后开门窗洞，部分墙体出现倾斜。

5. 头进大门缺失、被改成铁闸门，雕花梁架部分开裂、油漆脱落、残

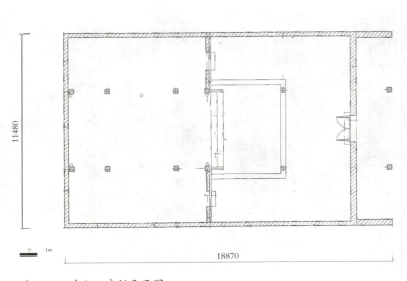

图4-46　鸡山三房祠平面图

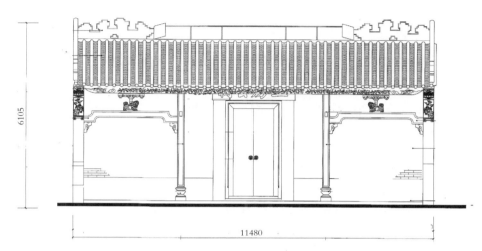

图4-47　鸡山三房祠正立面图

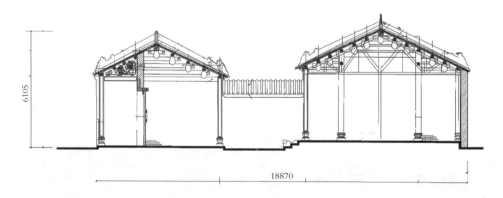

图4-48　鸡山三房祠剖面图

损，牌匾缺失，封檐板油漆脱落、残损，石雕风化、污渍，后改加铁窗。

6. 部分木柱油漆剥落、腐朽、开裂，石柱础部分风化残损。

（二）工程主要内容

1. 拆除水泥台阶、洗手间、铁皮屋顶、水池、砖墙、砖柱、排水槽、后加卷闸门和铁窗，铲除水泥地面。

2. 屋面揭瓦重铺，复原缺失瓦当，更换残损檩条、桁桷，修复风化残损正脊、垂脊。

3. 重铺复原大阶砖地面、条石地面，平整地面恢复原始高度，更换腐朽木柱，修复开裂木柱。

4. 修复被开门窗洞墙体，扶正加固，清洗墙面，恢复室内清水青砖墙体，室外抹灰批荡墙面。

5. 新造复原头进大门、牌匾，修复雕花梁架、封檐板，清洗污渍石雕。

6. 修复开裂木柱。

7. 所有木构件作防虫、防白蚁、防腐及油漆处理。

三、活化利用

在修缮基础上，高新区于鸡山三房祠祠内设立鸡山村史馆、鸡山牛歌中秋对歌会非遗传承基地，2016年6月8日正式对外免费开放。村史馆从鸡山村史、中秋对歌会非遗项目及社会主义新农村建设等三方面，以文字、图片、视频等方式，全面介绍鸡山村的历史根源、深厚文化及清华学校首任校长唐国安等杰出人物事迹。

图4-49　鸡山三房祠被利用为鸡山村史馆及非遗传承基地

图4-50　设在鸡山三房祠的中秋对歌会非遗传承基地

第六节

淇澳钟氏大宗祠

淇澳钟氏大宗祠是淇澳岛钟姓村民的祠堂，于2011年11月被公布为珠海高新区不可移动文物，2012年7月被公布为珠海市不可移动文物。

一、宗祠简介

淇澳钟氏大宗祠位于珠海市唐家湾镇淇澳村东和街，始建年代不详。坐东南向西北。三进三间两廊夹一天井，总面宽12.58米，总进深27.17米，占地面积378.59平方米。青砖墙，硬山顶，灰瓦面，素陶勾头、滴水，雕花封檐板，前堂灰塑龙船脊，后堂博古脊，外博封黑底白画卷草灰塑图案，麻石门框，石雕竹节门枕石，麻石方柱，麻石墙裙，石雕墀头。

钟氏大宗祠原为蚝壳祠，1946年由淇澳村人钟棣民为首作过大规模修缮，改为青砖墙、灰瓦面。天井在1956年重修时加顶盖。一度曾用作乡村文化室、大队幼儿园。2004年起，作为社区老人活动中心。

二、维修保护

（一）2015年维修工程

2015年，珠海高新区启动钟氏大宗祠及其民国建筑维修工程。该工程以"在保证建筑物主体结构安全前提下，最大限度发挥建筑使用功能"为原则，根据淇澳村民意见，对钟氏大宗祠头进及附祠进行立面维修，后座民国建筑重点维修。

该工程建设单位为珠海高新技术产业开发区社会发展局，设计单位为佛

图4-51　2015年维修前的淇澳钟氏大宗祠外观　　图4-52　2015年维修前的淇澳钟氏大宗祠内部

山市置地建筑设计有限公司，施工单位为广东五华一建工程有限公司，监理单位为珠海市建设工程监理有限公司，2015年12月30日开工，2016年4月9日竣工。

　　本次工程主要内容为：对祠堂屋面进行检修查漏；对头进及附祠进行立面维修；对室内加以整理，设立淇澳村史馆及淇澳端午祈福巡游传承基地。

图4-53　2016年淇澳钟氏大宗祠维修后外观

图4-54　2016年设在
淇澳钟氏大宗祠内的
淇澳村史馆及淇澳端
午祈福巡游传承基地

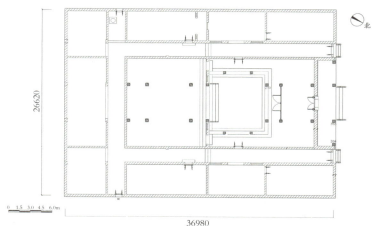

图4-55　淇澳钟氏大宗祠平面图

图4-56　淇澳钟氏大宗祠正立面图

143

图4-57　淇澳钟氏大宗祠剖面图

（二）2019年维修工程

2018年，珠海高新区应淇澳村民要求，将钟氏大宗祠维修工程列入政府投资项目，启动钟氏大宗祠全面维修工程。

该工程建设单位为珠海高新区（唐家湾镇）文化中心，设计单位为湖南华銮文化遗产规划设计有限公司，施工单位为广东五华一建工程有限公司，监理单位为珠海市建设工程监理有限公司，2019年10月25日开工，2020年4月20日竣工。

（一）维修前损毁情况

1. 天井麻石地面被拆除、调高，后改铺大阶砖地面，排水系统缺失，侧廊大阶砖地面被改，地面、台阶磨损、脏污。

2. 虾公梁、石雕雀替、驼峰、假梁头缺失，虾公梁被后改混凝土过梁，一进和二进木梁架被改为混凝土梁架，室内被加砌砖柱及屋面天沟。

3. 侧廊被加砌墙体、墙表面脏污、滋生青苔，局部青砖风化、缺损、断裂，墙体局部开裂，墙面砂灰批荡层局部风化、剥落严重，墙面局部被后灰水刷白，搭接电线及其他杂物，部分墙体开裂及缺损。

4. 一进后檐口、二进前檐口局部屋面被拆除，封檐板、飞椽、勾头、滴水缺失，侧廊屋面、木结构及檐柱缺失，天井后加双坡瓦面、金字梁架，屋面漏水、瓦件断裂、辘筒脱灰，一进龙船脊及二进博古脊局部风化、缺损，杉木檩条、桷板及飞椽糟朽、开裂，油漆褪色，外博封卷草灰塑风化、

图4-58 2020年维修后的淇澳钟氏大宗祠外观

脱落严重，墀头后批白灰，石构件局部缺损。

后开铁艺玻璃窗及后开门洞较多，原有杉木板门后改铁门及木门。

（二）工程主要内容

1. 根据村民意见，保留天井后加双坡屋面，对其余屋面进行检修补漏，更换断裂瓦件，部分屋面进行揭顶重铺，更换糟朽严重的檩条、桷板和

图4-59 2020年维修后的淇澳钟氏大宗祠内部

飞橡，恢复侧廊辘筒瓦卷棚顶及其木结构。

2. 拆除墙面后开玻璃窗及门洞，按墙面砌筑工艺砌青砖封堵后开窗洞，拆除侧廊后加建墙体，复原墙面高度，修复开裂、缺损墙体，修复灰砂批荡层，清理墙面青苔、清洗墙体，剔补风化、缺损、断裂严重的青砖，修复开裂墙体，整治墙面电线及杂物，铲除内墙后批白灰，恢复清水砖墙。

三、活化利用

淇澳钟氏大宗祠在2016年初步整修后，珠海高新区在此设立淇澳村史馆和淇澳端午祈福巡游非遗传承基地，于2016年10月11日正式对外开放。村史馆从淇澳的地理、历史、人文、源流、大事、人物以及今日面貌等方面，向参观者呈现一颗全方位的南海明珠。2019年全面维修后，又将村史馆及非遗传承基地进行全面升级，丰富陈展资料及展示手法。

图4-60　2020年设在淇澳钟氏大宗祠的淇澳村史馆

图4-61　2020年设在淇澳钟氏大宗祠的非遗传承基地

鸡山长房祠

鸡山长房祠又名石屏唐公祠，是纪念鸡山唐氏石屏公祠堂。

一、祠堂简介

鸡山长房祠位于珠海市唐家湾镇鸡山村凤山里17号。始建于清嘉庆年间，民国八年（1919）重修。祠堂坐北向南，主座三开间二进深，天井院落，前座与后座两边连廊连接，左侧配单边厢房。建筑面宽10.31米，进深12.86米，建筑面积132.59平方米。抬梁式硬山顶，砖石木混合结构，青砖墙，灰瓦面，瓜柱抬梁，木檩条，正脊、垂脊为传统博古脊，檐口灰塑、木雕封檐板及墙面彩画等图案精美，做工精细。整个建筑布局和造型，具有传统岭南建筑特色。

二、维修保护

2016年，由高新区幸福村居办牵头，启动鸡山长房祠修缮工程，建设单位为鸡山股份合作公司，设计单位为潮州市建筑设计院，施工单位为潮州市建筑安装总公司，监理单位为珠海市建设工程监理有限公司，2016年1月8日开工，2016年10月30日竣工。

（一）维修前损毁情况

1. 地面长满杂草、灌木。

2. 主座二进前檐右砖柱断裂，柱身错位，左次间前檐墙体开裂，裂缝最大值达4厘米。左金柱柱身倾斜，柱身与柱础错位。

3. 连廊内墙面长青苔，墙体受潮、发霉。二进左侧山墙内墙部分青砖风化、残损。厢房二檐口博风墙破损、开裂，木过梁霉烂，连廊屋面倒塌，厢房天井左侧后开门洞。厢房不均匀沉降，导致厢房一进整体左倾，厢房与主座山墙墙体之间开裂，裂缝最大值达10厘米，墙面批荡层局部破损、空鼓，墙基受潮、发霉、长青苔。左侧厢房基础有不均匀沉降，厢房与主座山墙墙体之间开裂，裂缝最大值达10厘米。

4. 主座一进后檐屋面辘筒下滑严重，辘筒断裂，瓦片破损，漏水严重，后檐檐口屋面部分已下滑塌落。连廊屋面长满杂草，瓦片破损，屋面漏水，檩条桷板霉烂。主座二进屋面倒塌，残留二进前檐部分屋面，屋面木构件、梁架缺失，后檐金柱缺失，前檐左金柱柱身与柱础错位。檩条、桷板、飞椽霉烂，部分木构件、梁架缺失。右连廊木雕檐口缺失。

5. 连廊木门缺失，门洞被砖墙封堵，厢房一进正面窗扇缺失。

（二）工程主要内容

1. 屋面工程。主座一进、连廊及二进现存屋面揭瓦重盖，其他屋面均以检漏为主。揭瓦后按原材料原尺寸更换屋面朽烂、蛀蚀的檩条、桷板、飞椽，修补加固开裂的檩条。清洗屋面板瓦及筒瓦，补配屋面欠缺古制红泥板瓦、筒瓦及勾头瓦。按传统工艺复原屋面，复原屋面贝灰砂浆和锚固件。恢复厢房天井传统辘筒瓦屋面，恢复屋面檩

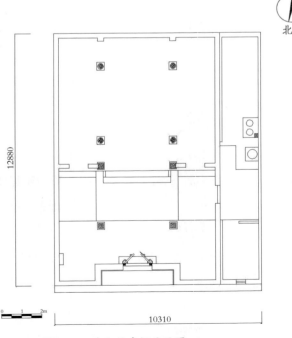

北

图4-62　鸡山长房祠平面图

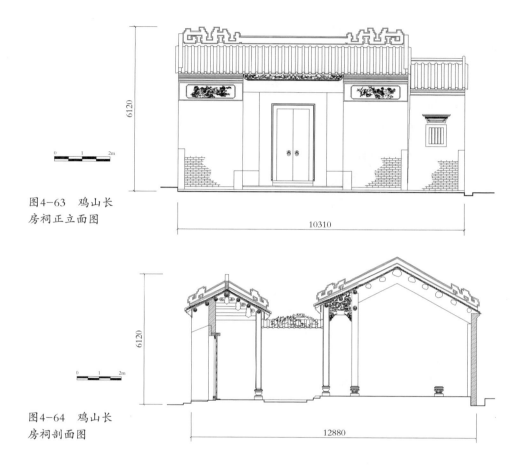

图4-63　鸡山长房祠正立面图

图4-64　鸡山长房祠剖面图

条、桷板、飞椽。

2. 木构件及装饰。重做复原大门门扇，恢复厢房一进木窗扇，修复、加固二进前檐博古梁架，重新落架安装，扶正、加固二进前檐左金柱。修复、加固主座一进后檐、左连廊、后进前檐木雕封檐板，重做复原主座左连廊木雕封檐板，重做复原厢房天井屋面封檐板，木构件重做防虫、防腐及油漆保护处理。

3. 墙体工程与柱工程。整体扶正加固厢房一进墙体及墙下基础，修复、扶正、加固主座二进左次间前檐墙体，修复、扶正、加固主座二进前檐左砖柱，上部拆除重砌，面批白灰。重砌复原主座二进后檐砖柱上部，面批白灰。拆除主座左连廊门洞后砌砖墙，恢复主座连廊原有门洞。封堵厢房天井左侧后开门洞，外墙面批荡。清理主座右侧山墙（连廊部位）外墙面污渍、青苔。清理主座后墙外墙面青苔、污渍，铲除局部空鼓、开裂的批荡层，按原来的传统做法重做复原。清理主座、厢房正面墙体白灰、污渍。修补厢房二进左山墙墙角面层批荡，清理面层青苔、污渍，清理左右连廊内墙面污渍、青苔，恢复清水砖墙，修复二进左侧山墙风化的青砖。修复、加固厢房一进后檐博风墙，更换木过梁。

4. 二进恢复工程。重做复原二进后檐木制金柱、瓜柱抬梁梁架并恢复攀间梁、木雕檐博古梁架、木雕雀替。恢复二进屋面檩条、桷板、飞橡，恢复屋面二层古瓦，复原二进传统辘筒瓦屋面，恢复二进博古正脊（不含灰塑彩画）。

5. 地面工程。清洗红方砖面层青苔、污渍。

6. 油漆、防白蚁工程。墙面所有彩画进行简单清理，清理表面灰水、污渍，彩画不作修复。所有木材及新添木材，均作防腐处理，全屋面木材进行防虫处理，采用氨溶砷酸铜（CCA）类水溶液防腐剂。梁柱防蚁选用除虫菊脂类生物制剂。新安装的檩条及梁架入墙部分采用沥青油做防潮包裹处理。新添加的木材均刷桐油漆三遍，底漆一遍，面漆二遍，面漆按现有颜色，油漆均采用传统做法进行调色。

图4-65 鸡山长房祠维修前外部

图4-66 鸡山长房祠维修后外部

图4-67　鸡山长房祠维修前内部　　　图4-68　鸡山长房祠维修后内部

7. 重做复原沿建筑左侧外排水沟，清理、疏通建筑内排水暗渠，清理、疏通建筑前后排水暗渠。

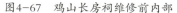

第八节

官塘震山卓公祠

官塘震山卓公祠是纪念官塘卓氏六世祖卓震山的祠堂，于2011年被公布为珠海高新区不可移动文物，2012年7月被公布为珠海市不可移动文物。

一、祠堂简介

震山卓公祠位于唐家湾官塘社区天一门二巷4号。建于清宣统元年（1909）。坐西北向东南。祠堂由主座与两座附楼组成，总面宽13.90米，总进深20.98米，建筑面积约291.62平方米。由主座和左右厢房组成（现厢房已改为现代居民楼），青云巷相连。主座面阔三间，两进两廊夹一天井。抬梁与穿斗混合木构架。硬山顶，青砖墙，灰瓦面，博古脊。凹肚式门楼，设塾台，雕花封檐板，人物石雕虾公梁，墀头有福鼠、花篮石雕，石门框，门额阴刻"震山卓公祠"。石柱础，木柱、石柱并用，石柱上有人物石刻挑头，青云巷门额阴刻"霞蔚"。祠内还保留了大量驼峰、雀替、墀头等装饰构件，具有典型岭南建筑风格。

祠堂左右附楼土改时分给个人作住房。主座1958年曾做前进生产队队址，亦作过"大跃进"时期的饭堂。1980年后空置。2010年，村民曾集资进行过维修。

二、维修保护

2015年，珠海高新区启动震山卓公祠修缮工程。该工程建设单位为珠海国家高新技术产业开发区社会发展局，设计单位为珠海思成建筑设计有限公司，施工单位为广东五华一建工程有限公司，监理单位为珠海市建设工程监理有限公司，2016年2月20日开工，2016年4月20日竣工。

（一）维修前损毁情况

1. 屋面瓦件局部断裂，瓦面漏雨，前檐后改蓝琉璃勾头、滴水，檩条表面残留水渍，正脊、垂脊灰塑风化、褪色。

2. 地面局部水泥浆修补，部分大阶砖表面开裂、磨损、脏污，麻石接缝处长有小草，表面滋生青苔、发黑。

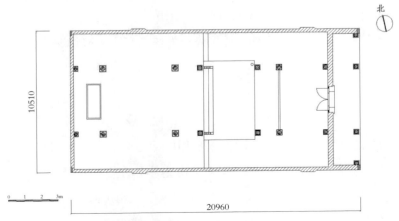

图4-69　官塘震山卓公祠平面图

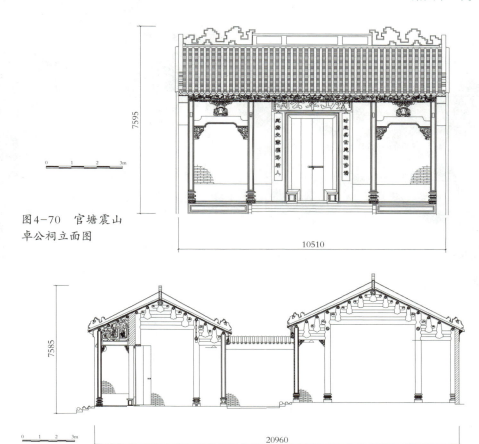

图4-70 官塘震山卓公祠立面图

图4-71 官塘震山卓公祠剖面图

3. 外墙表面长青苔，内墙局部灰水刷白。

4. 柱础残缺、脏污，部分木雀替残缺，麻石人物假梁头局部破损。

（二）工程主要内容

1. 辘筒瓦屋面检漏检修，复原素瓦勾头，清理檩条等木基层构件表面水渍，所有木构件作

图4-72 官塘震山卓公祠维修前

图4-73　官塘震山卓公祠维修后

防腐、防白蚁处理，按原颜色重新油漆，传统工艺材料做法重新灰塑正脊、垂脊。

2. 铲除水泥地面，更换破损严重的大阶砖，清洗地面。

3. 清除墙面后刷白灰水，清洗墙面重新勾缝。

4. 清洗柱子表面，复原雀替。

三、活化利用

震山卓公祠维修后，强化了祠堂作为官塘旅外乡亲省亲的联络点的作用，祠堂内陈设的官塘卓氏家谱，方便海内外官塘乡亲寻根问祖，也成为族谱和村史的资料收集处，发挥了维系乡人乡情的纽带作用。

图4-74　官塘震山卓公祠维修后正门

官塘佘氏大宗祠

官塘佘氏大宗祠是官塘佘族的祠堂，于2011年被公布为珠海高新区不可移动文物，2012年7月被公布为珠海市不可移动文物。

一、宗祠简介

官塘佘氏大宗祠又名翠峰佘公祠，位于珠海市唐家湾镇官塘村沙桥沟路赤企北一巷，始建于清乾隆四十八年（1783）。坐西南向东北，广三路中轴线对称平面布局，总面宽25.16米，总进深29.40米，总建筑面积739.70平方米。原中路面阔三间，三进夹二天井，现二进夹一天井，左右路各有前后厢房。抬梁与穿斗混合木构架，硬山顶，青砖墙，灰瓦面，博古脊。凹肚式门楼，设墪台，雕版承檩，饰龙纹，花草图案，石柱石础，石门框。祠堂内石柱础、木柱、石柱并用，卷棚顶，装饰保存完好。中路前天井两厢，三联卷棚廊庑式天花，青云巷便门、通道，塑有西式门楣，各路头门墙顶保存有20余幅精美壁画，具有一定的艺术价值。

祠堂于清嘉庆二十年（1815）、咸丰六年（1856）及同治三年（1864）扩建。民国三年（1914）主座在原有建筑规模和形制基础上

图4-75 官塘佘氏大宗祠维修前外观

图4-76 官塘佘氏大宗祠维修后保留的"观塘学校"匾

重修。清光绪三十三年（1907）至1988年曾用作观塘学校校舍，后堂前右侧围墙面仍存有"观塘学校"门坊。

后座在20世纪70年代遭受台风暴雨而坍塌，村集体在原址修建新建筑，除遗存局部原状墙体外，建筑形式与结构形式均为后期改建，开间、进深、墙体砌筑形式、屋面形式等均多有改变。后座在原址修建后作为村集体仓储及村办工厂车间使用。

官塘佘氏大宗祠始建年代久远，迁建于现址距今已有200多年历史，整体规模较大，典型广府祠堂形制，现状保存基本完整，具有一定历史文化价值。

二、维修保护

（一）2017年主座修缮工程

2017年珠海高新区启动官塘佘氏大宗祠修缮工程。该工程建设单位为珠海唐家湾文化旅游有限公司，设计单位为佛山市清华文博顾问有限公司，施工单位为广东五华一建工程有限公司，监理单位为珠海市建设工程监理有限公司，2017年4月15日开工，2017年9月15日竣工。

1. 维修前损毁情况

（1）天井被铁棚覆盖，增设锌铁雨水斗、天沟排水；厢房头门后期使用加装天棚；青云巷前部加建临时棚屋，前门封堵，楼面缺失；加建墙体围蔽成隔间，加建铁棚。

（2）屋面瓦件松脱，辘灰开裂、渗漏，生长杂草，正脊、垂脊崩缺，脊塑坍塌、缺损，灰塑剥蚀。

（3）墙体被开窗洞，面层被涂刷灰浆，局部砌块风化酥碱。

（4）实木大门劈裂、脱漆、磨蚀，槛框松脱；挡中屏门缺失；中堂屏门、槛框、挂落、牌匾等均已缺失无存；前左金柱顶破裂，下部柱根劈裂，金柱劈裂脱漆，原挡中槛框均无存，仅留石作下坎残部及顺枋下遗存榫卯孔；石檐柱、石础崩缺，表面污染；木金柱风化、脱漆、劈裂、霉蛀严重，被涂刷银油；梁架霉蛀、糟朽；墀头灰塑破损被覆盖；雀替等小木作脱漆、霉蛀；壁画被覆盖。

（5）缺乏排水沟渠。

2. 工程主要内容

（1）拆除天井、厢房及青云巷前部后期加建的屋面和混凝土排水天沟，拆除后加的墙体。

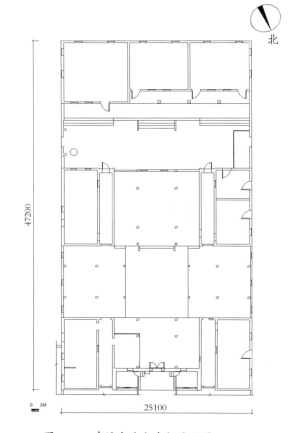

北

47200

25100

图4-77 官塘佘氏大宗祠平面图

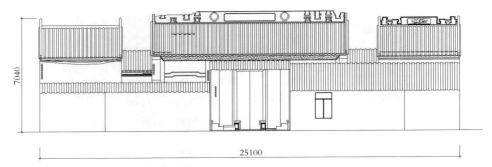

图4-78　官塘佘氏大宗祠正立面图

图4-79　官塘佘氏大宗祠剖面图

（2）揭顶重铺瓦屋面，更换风化酥碱、缺角断裂、变形拱翘的瓦件。更换腐朽严重的木梁架、木柱、檩条、桷板、飞檐等木构件，复原缺失封檐板，按传统工艺恢复屋面排水天沟。

（3）恢复砌补后开凿封堵的门窗洞，修复风化破损、后刷石灰水和受潮长青苔的青砖墙，复原与原来墙缝相对齐、缝宽一致的清水青砖墙。

（4）维修加固木制大门，恢复缺失的大门牌匾；恢复一进祠门、屏风门及中堂缺失的屏风门；修复开裂金柱，更换霉蛀、糟朽梁架；制作安装麻石框木玻璃窗，复原室外百叶窗、室内木玻璃窗两层窗；恢复缺失木雀替和石雀替，清洁墀头灰塑、壁画表面。

（5）对所有木构件进行防虫、防白蚁、防腐及油漆处理。

（6）修复佘氏大宗祠内外排水系统。

（二）2019年后座修缮工程

2019年珠海高新区启动佘氏大宗祠修缮工程。该工程建设单位为珠海高新区（唐家湾镇）文化中心，设计单位为佛山市清华文博顾问有限公司，施

图4-80　官塘佘氏大宗祠维修后外观

图4-81　官塘佘氏大宗祠维修前内部

图4-82　官塘佘氏大宗祠维修后内部

图4-83　重修后的官塘佘氏大宗祠俯瞰图

工单位为广东五华一建工程有限公司，监理单位为珠海市建设工程监理有限公司，2019年3月15日开工，2019年9月10日竣工。

1. 维修前损毁情况

（1）一进、二进后铺水泥地面，大阶砖及条形麻石地面缺失。

（2）后座。一是后座围墙后建钢筋混凝土飘板，屋面瓦件开裂破损、脱落、漏水，檩条、桷板、梁架腐朽开裂、油漆残旧，飞椽角缺失，正脊缺失，卷草残旧、破损，封檐板破损严重。二是青砖墙体被后期改建砖墙，墙体风化残损，被刷白灰，后开门窗洞。三是前檐石柱缺失并被改建为砖柱，木柱缺失。四是前檐后铺水泥地面，天井条石台阶破损。五是后开门窗洞且门窗残旧破损严重，屏风门缺失，围墙后装铁门，室外周边长有杂树杂草、排水堵塞。

2. 工程主要内容

（1）铲除主座一进、二进水泥地面，按原样恢复主座一进、二进、后座大阶砖地面，天井条形麻石地面，青云巷三合土地面。

（2）后座。一是拆除砖墙、木梁架、钢筋混凝土飘板；恢复墙脚麻石陡板石；修复风化、后刷石灰水墙面，复原与原来墙缝相对齐、缝宽一致的清水青砖墙。二是用麻石按原样恢复前檐缺失石柱，恢复后座的木梁架、木屏风门、木横批窗、陶瓷花格窗、雀替等木构件。三是揭瓦重铺屋面，更换瓦件、檩条、桷板、

图4-84 修复的官塘余氏大宗祠后座

飞檐等木构件，修复缺失封檐板。四是拆除围墙后装铁门，恢复围墙木门。
五是木构件作防虫、防腐、防白蚁和油漆处理，增设排水沟等。

第十节

唐家凤台梁公祠

唐家凤台梁公祠是纪念唐家梁氏凤台公的祠堂，于2011年11月被公布为
珠海高新区不可移动文物，2012年7月被公布为珠海市不可移动文物。

一、祠堂简介

唐家凤台梁公祠位于珠海市唐家湾镇唐家村大同路25号，始建于清代。
坐西北向东南，面阔三间，两进夹一天井。总面宽10.03米，总进深19.55
米，建筑面积196.09平方米。抬梁与穿斗混合木构架，硬山顶，灰瓦面，琉
璃瓦当滴水，博古脊，青砖墙。正间头门石门额阳刻"凤台梁公祠"。凤台
梁公祠雕刻工艺较好，梁架等构件刻画着岭南特色的花果植物，一进前廊的
木雕刻精美，石质柱础、门墩石等构件雕塑具有岭南特色，对研究唐家湾的
历史人文、祠堂文化具有一定的历史、艺术价值。

20世纪50年代曾用作唐家公社粮食供应站。改革开放后，曾作为工厂。
90年代末开始处于空置状态，产权归唐家股份合作公司所有。

二、维修保护

2016年珠海高新区启动唐家凤台梁公祠修缮工程，建设单位为珠海唐家
湾文化旅游有限公司，设计单位为广东宏图建筑设计有限公司，施工单位为
潮州市建筑安装总公司，监理单位为珠海市建设工程监理有限公司，2017年

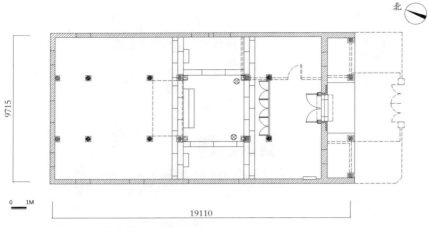

北

9715

0   1M

19110

图4-85　唐家凤台梁公祠平面图

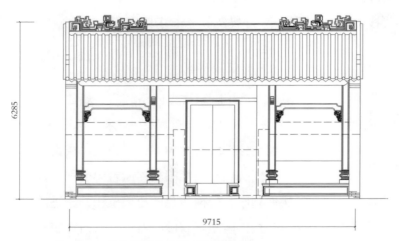

6285

9715

图4-86　唐家凤台梁公祠正立面图

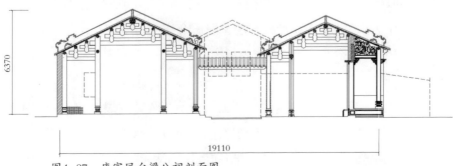

6370

19110

图4-87　唐家凤台梁公祠剖面图

4月20日开工，2017年7月28日竣工。

（一）维修前损毁情况

1. 一进破损情况

一是屋面长草，正脊缺失，垂脊局部崩缺，大部分脱色、发霉、变黑、表面局部长青苔，前坡瓦件泛黄，后坡瓦件局部污损、下滑、受潮、发黄、有水迹且檐口被拆除，封檐板、飞椽、滴水、瓦当不存。

二是梁架局部有水迹、脱漆、有杂物，正桁局部受潮、腐坏、褪色，个别檩条有水迹，前廊部分桷板脱漆，次间个别桷板腐坏，花架梁褪色，雀替缺失。

三是左右山墙外墙面受潮，墙脚长青苔，墀头损坏，后开窗洞，后抹白灰，壁龛被封堵，前廊后加墙体改建成房间，石门额用抹灰封闭，前厅后加墙体隔离房间。四是前廊及内厅地面后铺水泥砂浆，地面抬升，柱础被埋，前檐柱后加用于固定电线的绝缘子，石雀替被封堵，石梁头缺失。五是室内两侧6扇屏门缺失，横批局部脱漆。

2. 连廊破损情况

一是在一进与二进之间加建屋顶、支顶砖柱，原卷棚连廊缺失，屋面屋架局部腐烂、坍塌、漏水，并破坏一二进檐口。二是墙面受潮较严重，局部长青苔，局部墙脚长杂草，墙面后抹白灰，后开窗洞，因后期加建屋顶而加

图4-88　唐家凤台梁公祠维修前外观

图4-89　唐家凤台梁公祠维修后外观

图4-90 唐家凤台梁公祠维修后屏门

砌墙体至屋顶。三是地面被抬高，被改为水泥地面。

3. 二进破损情况

一是屋面长草，辘筒灰局部剥落，露出瓦筒，滴水、瓦当、前檐口、封檐板、正脊均缺失，两侧垂脊端部缺损，檩条局部有水迹、脱漆；梁架有水迹、脱漆，个别梁头腐坏。二是山墙有后开窗洞，后墙后开窗洞被用其他规格砖封堵，局部受潮发霉，内墙后抹白灰。三是石柱后抹白灰，柱础后涂蓝色涂料。四是前廊地面正间被改为坡道，除次间外其余被改为水泥地面。

（二）工程主要内容

1. 拆除前廊后加建墙体、侧廊后加建墙体、被用其他规格砖封堵的后开窗洞、一进与二进之间加建屋顶、前檐柱后加用于固定电线的绝缘子，铲除后铺水泥地面。

2. 揭瓦重铺屋面，恢复原连廊卷棚屋面，复原封檐板、飞椽、瓦当、滴水，修复一进、二进缺失正脊及其灰塑、装饰。

3. 清除墙面白灰，清洗墙面，按原砌筑方式填补后开墙洞，恢复清水青砖墙体，恢复壁龛。

4. 清洁被扫白灰柱身。

5. 恢复原大阶砖铺设地面，恢复被埋柱础。

图4-91　唐家凤台梁公祠挑头石雕

6. 恢复雀替、墀头、梁头等多处损坏的装饰构件以及缺失屏门。

7. 木构件防虫、防腐、防白蚁及油漆处理，疏通排水系统。

第十一节

上栅梁氏大宗祠

上栅梁氏大宗祠是上栅梁姓村民的祠堂，于2011年11月被公布为珠海高新区不可移动文物，2012年7月被公布为珠海市不可移动文物，2018年2月10日被公布为珠海市文物保护单位。

一、宗祠简介

上栅梁氏大宗祠位于珠海市唐家湾镇上栅社区三村。建于清光绪十七年（1891）。坐西向东。宗祠由昌远梁公祠和聪进梁公祠及前花岗岩条石地堂组成。两祠以青云巷相连，建筑结构、大小基本相同。昌远梁公祠面宽19.16米，进深40.2米；聪进梁公祠面宽13.66米，进深40.2米；两祠总面宽32.82米，总进深40.2米，总建筑面积1319.36平方米。两座祠堂主座均为三进四廊夹两天井，昌远梁公祠左侧有厢房。两祠均为抬梁与穿斗混合木构架，硬山顶，龙船脊，灰瓦面，青砖墙，花岗岩墙裙。有精美的木雕、石雕和灰塑。上栅梁氏大宗祠是珠海地区建筑面积较大，建筑装饰精美，岭南建筑风格明显的祠堂之一。

祠堂于清光绪二十九年（1903）至1988年，先后作为公立两等小学、六区第二中心小学、上栅小学校址。由于作为学校使用，左厢房一进天井、二进、二进天井整体被修改为平顶楼板屋面，中间加隔墙将其分为前后两间作为教室使用，前院加建一排坡屋面房子作为教室使用。左厢房二进在20世纪70年代末已倒塌，祠堂于1988年学校迁新址后空置。2004年到2005年期间，上栅社区居委会进行了局部维修，后作为村民举办文化活动及宴席地点。

二、维修保护

2016年珠海高新区启动上栅梁氏大宗祠修缮工程，工程建设单位为珠海唐家湾文化旅游有限公司，设计单位为潮州市建筑设计院，施工单位为潮州市建筑安装总公司，监理单位为珠海市建设工程监理有限公司，2017年5月21日开工，2017年9月17日竣工。

（一）维修前损毁情况

1. 聪进梁公祠

（1）地面

一是一进前檐花岗岩条石地面局部面层有灰浆覆盖，长有植物。

二是后檐红阶砖地面部分破损、霉烂、长有青苔，局部用水泥砂浆覆盖。

三是连廊红阶砖地面局部有少量破损，长有青苔。

（2）墙体

一是一进前檐内墙面的水磨青砖墙面被灰浆层覆盖，右侧墙体少量青砖破损、缺失，右山墙后开窗洞被红砖杂乱封堵，面层批白灰；左右连廊墙体后开窗洞，右连廊前后博风墙开裂。

二是二进左连廊后博风墙开裂，右连廊墙体后开窗洞被青砖杂乱封堵，前后博风墙开裂。

三是三进内墙面青砖破损；左山墙墙体后开窗洞、门洞，右山墙后开窗洞，后墙体后开门洞，均被杂乱封堵。

四是左、右山墙及背立面外墙面批荡层发霉、长青苔，批荡层局部破损、脱落，部分批荡层缺失。

（3）梁、柱结构

祠堂内木雕梁架、瓜柱抬梁梁架及攀间梁油漆老化、脱落，一进明间后檐屏门上木梁有细小裂缝，二进右次间前檐攀间梁出现裂缝。

（4）屋面

一是屋面辘筒局部断脱、下滑、裹灰风化，部分瓦片破损，杉木檩条、桷板、飞椽受潮、部分霉烂，油漆老化，檐口素勾头部分已破损、缺失；灰塑龙船正脊风化、破损，两头翘角破损缺失，龙船垂脊风化、破损。

二是一进前檐口蓝琉璃勾头、滴水部分破损、缺失，左侧前垂脊已缺失；一进、二进左右连廊屋面灰塑博古唇脊破损、风化严重，二进屋面灰塑龙船正脊缺失。

（5）木装饰及构件

一是一进木大门局部有细小裂缝，油漆老化。木屏门及门框缺失，花格窗局部破损缺失。前檐木雕封檐板局部有少量破损。后檐口明间木雕封檐板已缺失，次间檐口板局部破损，油漆均老化。前、后石檐柱上石挑头已破损缺失。左右连廊所有木雕雀替已缺失，檐口木雕封檐板已缺失。

二是二进木屏门及门框已缺失，右下角有一檩条缺失。前檐口木雕封檐板已缺失，后檐口明间木雕封檐板已缺失，次间封檐板局部破损，油漆老化，左副梁架后檐口有一木雕雀替已缺失。后檐石柱上部石挑头已破损、缺失。左右连廊檐口木雕封檐板均已缺失，木雕雀替已全部缺失。

三是三进明间的原落地花罩已不存，后檐左右次间与明间原有木屏门已缺失，明间花格窗局部破损、缺失。前檐木雕封檐板已缺失。前檐明间花岗岩抱鼓石已缺失，左次间前檐石栏杆柱头石狮子已缺失。

（6）脊饰、灰塑、壁画

一是一进前檐墀头灰塑风化、破损严重。屋面正脊灰塑风化严重，局部破损，屋面垂脊灰塑风化严重，局部破损。左右山墙外墙面墙头灰塑草龙风化严重。左连廊内唇脊灰塑风化、破损严重，博古部分已破损缺失；右连廊内外灰塑唇脊风化、破损，外墙面灰塑草龙风化严重。

二是二进屋面灰塑龙船正脊已缺失，屋面垂脊灰塑风化严重，局部破损。左右山墙外墙面墙头灰塑草龙风化严重。左右连廊屋面灰塑博古唇脊风化严重，右连廊外墙面墙头灰塑草龙风化严重。屋面灰塑龙船正脊风化严重，屋面灰塑垂脊风化、局部破损。左右山墙外墙面墙头灰塑草龙风化严重，背立面外墙头灰塑草龙风化严重。

2. 昌远梁公祠

（1）地面

一是一进后檐红阶砖地面基本完整，部分破损，面层霉烂，靠近后檐口处红阶砖长有青苔，与条石相接处局部被后人用水泥浆修补。

二是左右连廊及二进连廊原有红阶砖地面已缺失，被后人改为水泥砂浆地面，且左连廊地面已出现开裂长有植物。

三是天井条石地面缺失，改为水泥砂浆地面，面层局部破损，多处开裂，长有较多植物。

（2）墙体

一是内墙面大部分被灰浆层覆盖，局部缝隙贝灰砂浆已缺失，墙体局部被水泥砂浆封堵，博风墙有少量破损。

二是一进前檐水磨青砖内墙面整体被灰浆层覆盖，三进右山墙后开门洞，后墙体后开门洞，均被杂乱红砖随意封堵。

三是左右山墙及背立面外墙面批荡层发霉、长青苔，批荡层局部斑驳、破损、脱落，后开窗洞，批荡层缺失。

（3）梁、柱结构

一是祠堂内石柱、木柱（坤甸木）少量破损、开裂。雕梁架、瓜柱抬梁梁架及攀间梁油漆老化、脱落。

二是一进明间后檐屏门上木梁破烂；二进左侧瓜柱梁架有一大梁已出现开裂；二进左右连廊后底梁已出现脱榫现象，梁头局部已出现霉烂、破损，仅用砖柱支顶加固；三进石柱边有两根后加砖柱，右侧后木金柱底部局部已出现空鼓现象。

（4）屋面

一是屋面辘筒局部断脱、下滑、裹灰风化，部分瓦片破损，杉木檩条、桷板、飞椽受潮，部分霉烂，油漆老化，檐口素勾头部分破损、缺失；灰塑龙船正脊风化、破损，两头翘角已破损缺失，龙船垂脊风化、破损。

二是一进、二进左右连廊屋面灰塑博古唇脊破损、风化严重。

三是左通巷前后门楼、卷棚屋面辘筒局部断脱、下滑、裹灰风化，部分瓦片破损；前门楼杉木檩条、桷板、飞椽受潮，部分霉烂，油漆老化，檐口素勾头部分破损、缺失，灰塑正脊风化、破损；后门楼屋面压顶脊局部风化、破损。

（5）木装饰及构件

一是一进木大门为后人重做的杉木木门，木门局部破损、开裂，油漆老化。木屏门、屏门门框及花格窗已缺失。前檐木雕封檐板局部有少量破损，后檐口明间木雕封檐板已缺失，次间封檐板亦有局部破损，油漆均老化。前、后石檐柱上石挑头已破损缺失。左、右连廊木雕雀替仅剩残缺的两块，大部分已缺失。檐口木雕封檐板也已缺失。

二是二进木屏门、屏门门框及花格窗、前檐口左右次间木雕封檐板缺失，前后封檐木雕封檐板局部少量破损，油漆老化。左副梁架前檐口有一木雕雀替已缺失。后檐石柱上部石挑头、左右连廊檐口木雕封檐板均已缺失，左连廊木雕雀替已全部缺失，右连廊后侧雀替、前雀替下部缺失。

三是三进前檐木雕封檐板仅剩明间部分，次间部分已缺失。

四是左通巷前门楼后檐口木雕封檐板已缺失，后门楼木门已缺失，卷棚檐口木雕封檐板全部已缺失。右通巷前门楼后檐口木雕封檐板局部受潮、霉烂。后门楼木门已缺失，卷棚檐口木雕封檐板局部受潮、霉烂。

五是左厢房一进右山墙上部原有木窗已缺失，一进天井、二进、二进天井已被后人改为铁窗，三进左右山墙上部原有木窗已缺失。

（6）脊饰、灰塑、壁画

一是一进前檐墀头灰塑风化、破损严重。一进、二进、三进屋面正脊灰塑、垂脊灰塑风化严重，局部破损。左右山墙外墙面墙头灰塑草龙、背立面外墙头灰塑草龙风化严重。一进、左右连廊内唇脊灰塑风化、破损严重，左通巷、右通巷前门楼屋面灰塑正脊风化、破损严重。

二是左厢房一进屋面正脊灰塑风化严重，局部破损，屋面垂脊灰塑风化严重，局部破损。左右山墙外墙面、墙头灰塑草龙风化严重。三进屋面正脊部分已破损缺失，灰塑部分缺失，屋面垂脊灰塑风化、破损严重。左右山墙外墙面墙头灰塑草龙风化严重。背立面外墙头灰塑草龙风化严重。

3. 左厢房

（1）地面

一是一进原有红阶砖地面缺失，被改为水泥砂浆地面，面层破损，天井缺失，条石地面大部分破损、缺失。

二是二进已缺失，二进及一进、二进天井被整体修改为平顶屋面，中间加墙体间隔成两个房间，原有地面缺失，被后人提高重铺水泥砂浆地面。

三是三进红阶砖地面缺失，被改为水泥砂浆地面、瓷砖地面。

（2）墙体

一是一进内墙面青砖被灰浆层覆盖，左右山墙外墙面批荡层受潮、发霉严重，局部长有较多青苔，批荡层局部斑驳、破损、脱落，正立面外墙面下部被批白灰。左山墙有三个后开窗洞和一后开门洞，右山墙下部有一个后开窗洞和两个后开门洞。这些后开门洞和原有窗洞均被用杂乱红砖封堵。

二是二进已被修改间隔为前后两间，前房左侧墙体后开门洞、窗洞均已被红砖杂乱封堵。右侧墙体有后开窗洞及后开门洞；后房左侧墙体后开窗洞，右墙体后开窗洞及一个门洞；前房、后房内墙面被整体批灰，外墙面批

图4-92　上栅梁氏大宗祠维修前

荡层斑驳、破损、脱落。

　　三是三进墙体内墙面下部被批白灰以及有后开窗洞及墙洞，上部原有窗洞被红砖封堵，后墙有一被杂乱封堵后开门洞，外墙面批荡层斑驳、破损、脱落。

　　（3）屋面

　　一是一进屋面辘筒局部断脱、下滑、裹灰风化，部分瓦片破损，底瓦被熏黑，后檐口被后加屋面。杉木檩条、桷板、飞椽受潮、霉烂、开裂，油漆面层被熏黑。前后檐口素勾头部分破损、缺失。灰塑龙船正脊、垂脊风化、破损，右侧前垂脊已缺失。

　　二是二进与一进、二进天井被后人修改为平顶钢筋混凝土水泥板屋面，楼板局部地方已出现开裂、渗水现象，天面水泥栏杆及飘板局部破损、风化。

三是三进屋面屋面辘筒局部断脱、下滑、裹灰风化，部分瓦片破损，屋面杉木檩条、桷板、飞椽受潮，并有部分霉烂，油漆老化。后檐口素勾头已大部分缺失。屋面灰塑龙船正脊风化、破损严重，左侧部分已断脱缺失。左侧垂脊破损严重，部分已缺失。

4．其他

（1）聪进梁公祠一进右连廊、二进右连廊卷棚屋面外侧局部地方长有植物和有落叶杂物等堵塞排水口。

（2）由于祠堂之前曾作为学校使用，祠堂内有较多电线线路及部分电箱，存在安全隐患，且影响祠堂整体美观。

（3）聪进梁公祠、昌远梁公祠二进左连廊石碑刻均缺失。

（二）工程主要内容

1．地面工程

（1）聪进梁公祠地面工程

一是清理、清洗主座一进、二进、三进的红阶砖地面，少量局部破损、碎裂的进行修复，严重破损的按原尺寸、同等材料进行重做更换。铲除二进、三进后补水泥砂浆地面，恢复红阶砖地面。

二是清理、清洗一进前檐、一进天井、二进天井花岗岩条石地面面层污迹及杂草。

（2）昌远梁公祠地面工程

一是清理、清洗一进、二进、三进红阶砖地面，局部破损、碎裂的进行修复，破损严重的按原尺寸、同等材料进行重做剔除更换。铲除条石与红阶砖相接处的水泥浆。

二是铲除一进、二进左右连廊水泥砂浆地面，恢复红阶砖地面。铲除一进、二进天井水泥砂浆地面，按传统工艺采用花岗岩条石进行重铺复原。

（3）左右通巷地面工程

修复左右通巷局部破损、开裂的地面，清理杂草。铲除后加的水泥砂浆斜坡及台阶，用花岗岩条石重做复原石台阶。

（4）左厢房地面工程

一是铲除左厢房一进、三进水泥砂浆地面及部分瓷砖地面，重铺红阶砖地面。

二是由于左厢房一进天井、二进、二进天井已被修改，原有地面已缺失，考虑到祠堂维修后作为社区文化活动场所，保留后铺水泥砂浆地面，局部破损进行修补。

2. 墙体工程

（1）聪进梁公祠、昌远梁公祠墙体工程

一是清理、清洗青砖内墙面，铲除灰浆层，少量破损、缺失的按照原尺寸原材料青砖进行镶补。拆除后开窗洞、门洞，按照原尺寸原材料青砖，按原砌法镶补恢复青砖墙体。

二是修补一进、二进左右连廊局部破损、开裂的博风墙。

三是保留聪进梁公祠整体外墙面批荡层，清理批荡面层霉变污迹及青苔，批荡层局部破损的进行修复、加固，缺失的采用传统材料原工艺进行重做复原。

（2）左厢房墙体工程

一是拆除左厢房一进左右山墙后开窗洞、门洞，按照原尺寸原材料青砖，按原砌法镶补恢复青砖墙体，右山墙现存门洞保留作为使用，复原右山墙上部原有窗洞。清理外墙面批荡面层霉变污迹及青苔，批荡层局部破损的进行修复、加固，缺失的采用传统材料原工艺进行重做复原。

二是拆除左厢房二进左侧墙体后开门洞、窗洞，按照原尺寸原材料青砖，按原砌法镶补恢复青砖墙体，保留右侧墙体后开窗洞及门洞。前后房隔墙保留现状，重做批荡层。前房、后房内墙面本次保存现状，外墙面修复批荡层。

三是左厢房三进内墙面保留现状暂不做维修清理，拆除左右山墙下部后开窗洞，及后墙后开门洞，按照原尺寸原材料青砖，按原砌法镶补恢复青砖墙体，复原山墙上部原有窗洞，保留右山墙前门洞作为使用。清理外墙面批荡面层霉变污迹及青苔，批荡层局部破损的进行修复、加固，缺失的采用传统材料原工艺进行重做复原。

3. 梁、柱结构工程

（1）聪进梁公祠梁、柱结构工程

清理、清洗石柱及石柱础，按传统工艺修复一进、二进木柱及二进右次间前檐攀间梁，按传统工艺及材料修复、修补木梁裂缝，清理梁架等所有木构件油漆面灰尘。

（2）昌远梁公祠梁、柱结构工程

一是清理、清洗石柱及石柱础，清理梁架等所有木构件油漆面灰尘。

二是按传统工艺修复一进木柱，修复、修补一进明间屏门上木梁。

三是按传统工艺修复二进木金柱及左侧梁架开裂的大梁，拆除二进左、右连廊后侧梁架后加支顶砖柱，修复、加固木底梁及梁头。

四是按传统工艺修复三进木金柱，对木雕梁架及瓜柱抬梁梁架局部破损、霉烂、开裂进行修复、加固。

4. 屋面工程

（1）聪进梁公祠屋面工程

一是对主座及左右连廊屋面整体进行检漏处理，局部漏水破损的进行修补。补配檐口破损、缺失的勾头、滴水。检查屋面檩条、桷板、飞椽的腐朽情况，对部分霉烂、开裂的进行修复、加固。

二是按传统工艺修复、加固一进屋面灰塑龙船正脊、垂脊，复原脊头翘角，重做复原左山墙前端缺失的垂脊。参考一进正脊做法按传统工艺、材料重做复原二进屋面灰塑龙船正脊，清理、清洗二进屋面垂脊。清理、清洗三进屋面灰塑龙船正脊、垂脊，清理、清洗左右连廊屋面灰塑博古唇脊，重做复原一进左连廊屋面灰塑唇脊博古造型。

（2）昌远梁公祠屋面工程

一是对主座及一进连廊、二进左连廊整体进行检漏处理，局部漏水破损的进行修补。补配檐口破损、缺失的勾头、滴水。检查屋面檩条、桷板、飞椽的腐朽情况，对部分霉烂、开裂的进行修复、加固。

二是对二进右连廊屋面整体揭瓦重盖。揭瓦后检查屋面檩条、桷板、飞椽的腐朽情况，对存在安全隐患、蚁蛀严重的按原尺寸、原工艺进行重做更换复原，对部分霉烂、开裂的进行修复、加固。

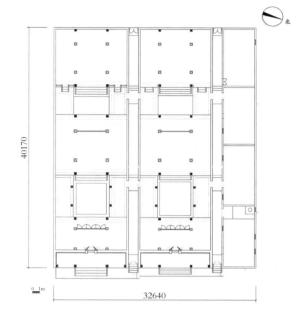

图4-93 上栅梁氏大宗祠平面图

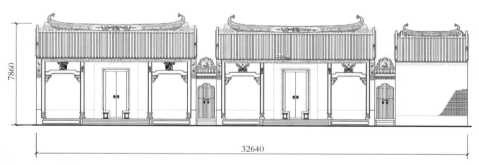

图4-94 上栅梁氏大宗祠正立面图

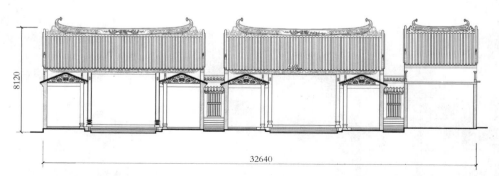

图4-95 上栅梁氏大宗祠剖面图

三是按传统工艺修复、加固一进屋面灰塑龙船正脊、垂脊，复原脊头翘角，清理二进、三进屋面灰塑龙船正脊、垂脊和灰塑博古唇脊。

四是对左右通巷前门楼、后卷棚屋面整体进行检漏处理，局部漏雨破损的进行修补。前卷棚屋面整体揭瓦重盖，补配檐口破损、缺失的素勾头。检查屋面檩条、桷板、飞椽的腐朽情况，对查出可能存在安全隐患、蚁蛀严重的按原尺寸、原工艺进行重做更换复原，对部分霉烂、开裂的进行修复、加固。按传统工艺修复、加固前门楼灰塑正脊。

（3）左厢房屋面工程

一是拆除左厢房一进后檐口后加屋面及屋面檩条、桷板。检查屋面檩条、桷板、飞椽的腐朽情况，对部分霉烂、开裂的进行修复、加固。按传统工艺修复、加固屋面灰塑龙船正脊、垂脊，重做复原右山墙前端灰塑垂脊。

二是重做复原左厢房二进天井飘檐瓦屋面，恢复辘筒瓦屋面，采用优质陈年杉木重做复原屋面檩条、桷板、飞椽及檐口素封檐板。采用同等青砖重做复原博风墙，采用菠萝格木重做复原木横梁。

三是对左厢房三进屋面检漏。补配檐口素勾头。检查屋面檩条、桷板、飞椽的腐朽情况，对部分霉烂、开裂的进行修复、加固。按传统工艺修复复原屋面灰塑龙船正脊、垂脊。

图4-96　上栅梁氏大宗祠维修后

图4-97　上栅梁氏大宗祠维修后

5. 木装饰及构件工程

（1）聪进梁公祠木装饰及构件工程

一是按传统工艺修复一进木大门，补配一进、二进、三进花格窗缺失的棂条，按照原尺寸重做复原一进木屏门及屏门门框，复原二进左副梁架后檐缺失的雀替。

二是按传统工艺修复、修补一进前檐木雕封檐板，复原一进后檐明间缺失的木雕封檐板。

三是复原一进前檐石柱上部石挑头，复原三进前檐明间花岗岩抱鼓石。

（2）昌远梁公祠木装饰及构件工程

一是按传统工艺修复一进木大门，复原二进、三进左副梁架前檐缺失的木雕雀替，修复三进明间花格窗，补配缺失的棂条。

二是按传统工艺修复、修补一进前檐木雕封檐板，复原一进后檐明间缺失的木雕封檐板，复原左通巷前卷棚屋面木雕封檐板。

三是复原一进前檐石柱上部石公仔。

（3）左厢房木装饰及构件工程

复原左厢房一进右山墙上部原有木百叶窗，复原左厢房三进左、右山墙上部原有木百叶窗。

6. 油漆防腐工程

一是屋面部分檩条、椽板、飞椽、木柱、木梁架及木装饰，均作防腐处理。梁柱用除虫菊脂类生物制剂防蚁。

二是本次维修仅对聪进梁公祠与昌远梁公祠一进木大门、一进前檐木雕封檐板及左厢房一进、三进重做复原的木百叶窗重做油漆保护，均刷桐油漆三遍，底漆一遍，面漆二遍，面漆均按现有颜色，油漆均采用传统做法进行调色。

7. 其他

清理、疏通聪进梁公祠一进右连廊、二进右连廊卷棚屋面外檐排水口。拆除原有安装杂乱的电线线路、电箱等。

第十二节

鸡山二房祠

鸡山二房祠又名珠海唐公祠，是纪念鸡山唐氏珠海公的祠堂。

一、祠堂简介

鸡山二房祠位于唐家湾镇鸡山村风山里74号，系鸡山唐族第九世唐珠海后人于清道光十一年（1831）修建的祠堂，又于民国十八年（1929）由后人集资重修。坐南向北，主座三开间二进深，天井院落，前座与后座两边连廊连接，左侧配单边厢房。建筑面宽14.19米，进深12.86米，建筑占地面积187平方米。青砖墙，灰瓦面，抬梁式硬山顶，砖石木混合结构，瓜柱抬梁，正脊、垂脊传统博古脊，檐口灰塑、木雕封檐板及墙面彩画等图案精美，做工精细，整个建筑布局和造型，具有传统岭南建筑特色。祠内有立于民国十八年（1929）的《珠海祠重修碑记》，记载了该祠的始建及重修情况，为后人研究当地历史提供了珍贵的信息。

二、维修保护

2017年，由高新区幸福村居办牵头，启动鸡山二房祠修缮工程，建设单位为珠海唐家湾文化旅游有限公司，设计单位为潮州市建筑设计院，施工单位为潮州市建筑安装总公司，监理单位为深圳市勘察研究院有限公司，2017年5月30日开工，2017年7月28日竣工。

（一）维修前损毁情况

1. 主座屋面瓦片下滑，辘筒断裂，辘筒裹灰部分风化，蠔灰流失；一进屋面瓦片下滑，后檐屋面下滑较为明显，后檐口被后人用水泥砂浆修补。连廊左屋面长满杂草、漏水，厢房天井屋面倒塌，右连廊屋面被后人用水泥砂浆修补，屋面渗水；二进厢房一进局部漏水，厢房天井屋面瓦片、檩条桷板坍塌，厢房二进屋面檐口部位长有杂草、灌木，局部漏水。

2. 墙体局部发霉，厢房正面后开单开木门。墙面大量灰尘，局部有水迹，墙面下部粉刷灰浆，右连廊屋面漏水，导致墙面发霉、长青苔。主座二进内墙面下部粉刷灰浆，墙面有大量灰尘，局部有水迹，后墙右侧墙体后开窗洞，后砌砖墙做法粗糙，砖墙砌筑与原砖缝不协调。厢房天井墙体受潮发霉、长青苔及植

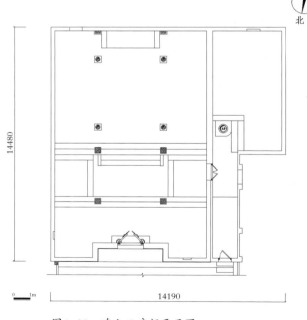

图4-98 鸡山二房祠平面图

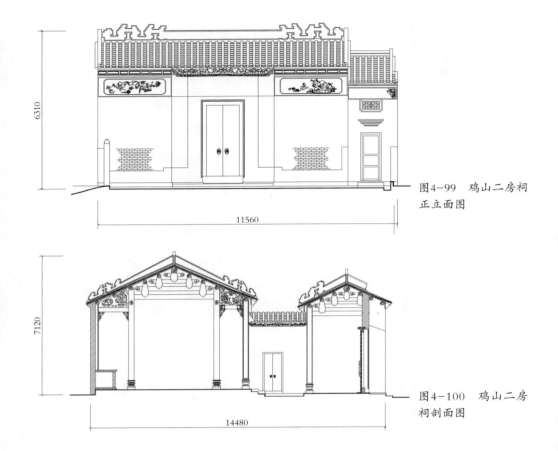

图4-99 鸡山二房祠
正立面图

图4-100 鸡山二房
祠剖面图

物。厢房天井一进博风墙后砌青砖墙，木过梁弯曲变形，厢房天井二进博风墙受屋面坍塌影响，墙体破损开裂，墙面批荡掉落，木过梁霉烂。厢房二进内墙面被烟火熏黑，后墙后开墙洞，右侧墙体部分青砖风化。

3．厢房部分红方砖破损，地面堆积垃圾杂物。

4．主座一进、二进、连廊檩条桷板部分霉烂、蚁蛀。厢房一进屋面为后期重做，屋面檩条桷板为后做补配。厢房天井屋面瓦片、檩条、桷板坍塌。厢房二进屋面局部渗水，檩条桷板部分霉烂，天井梁架霉烂。

5．一进仪门缺失，檩条、地面仪门柱子的痕迹清理可见。一进木门油漆老化、陈旧，厢房正面后开门，原有窗被拆除，窗位被封堵。二进木雕花罩缺失，牌匾缺失。厢房天井原有木门缺失，门洞被封堵。主座连廊双开门板门残损，油漆陈旧、脱落。

6. 一进左侧前檐垂脊博古缺失，主座正面檐口灰塑风化、残损、脱落，内墙面部分彩画被涂刷灰浆。

（二）工程主要内容

1. 地面工程

清理厢房正面外地坪，

图4-101 珠海唐公祠维修前外观

平整场地；清理地面青苔、植物、垃圾、杂物，清理天井倒塌的屋面瓦件材料；恢复厢房天井原有门洞，拆除后补墙体。

2. 墙体与柱工程

清理墙面污渍、灰浆、灰尘、青苔、霉菌。修补厢房正面后开门洞，恢复原有窗洞。根据原砖缝大小按原材料原砌法拆除重做复原主座后墙后开窗洞；修补厢房二进墙面后开墙洞，修复厢房二进内墙面风化的青砖。拆除厢房一进博风墙，按传统做法采用青砖重做复原，更换木过梁。修复、加固厢房二进博风墙，修复压顶灰塑线条，更换霉烂木过梁。

3. 屋面工程

全屋面进行揭瓦重盖。揭瓦后按原材料原尺寸更换屋面朽烂、蛀蚀的檩条、桷板、飞椽，对开裂可继用的檩条进行修补加固。清洗屋面板瓦及筒瓦，补配

图4-102 珠海唐公祠维修后外观

屋面欠缺古制红泥板瓦、筒瓦及勾头瓦。按传统工艺复原屋面，复原屋面贝灰砂浆和锚固件。恢复厢房天井传统辘筒瓦屋面，恢复屋面檩条、桷板、飞椽，恢复一进左侧前檐缺失的垂脊博古。修复一进、二进博古正脊、垂脊乌烟罩面，修复白色灰塑线条，修复厢房正脊乌烟罩面，修复白色灰塑线条。

图4-103　珠海唐公祠维修前内部

4. 木构件及装饰

复原主座一进木雕花格仪门，复原木柱、柱础，复原上部花格窗，修复主座连廊双开木板门，复原二进缺失的木雕花罩，

图4-104　珠海唐公祠维修后内部

图4-105　珠海唐公祠灰塑

图4-106　珠海唐公祠内碑刻

复原厢房一进正面原有双开木板窗及天井原有双开木板门，清理、修复门头灰塑线条。

5. 灰塑彩画

修复主座正面檐口灰塑彩画、一进右山墙乌烟、灰塑草龙、右连廊外檐唇脊乌烟罩面、白色灰塑线条，修复厢房正面檐口乌烟、博古草龙、二进灰塑草龙、外墙面乌烟、博古草龙。清理、修复厢房正面窗眉灰塑线条、唇脊乌烟、白色灰塑线条，恢复门官灰塑线条，复原门官青砖砌神台、红方砖台面，清理墙面所有彩画表面灰水、污渍。

6. 其他

复原神台台面缺失的条形麻石，修复神台底部灰塑线条；重做厢房二进铁井盖；所有木构件均作防腐、防虫处理，刷桐油漆三遍；新安装的檩条及梁架入

图4-107　珠海唐公祠门官

图4-108　珠海唐公祠壁画

墙部分采用沥青油做防潮包裹处理；清理、疏通建筑内和周围的排水暗渠；设置消防器材和消防水源，加强防火安全措施。

第十三节

北沙蔡氏大宗祠

北沙蔡氏大宗祠是北沙蔡姓村民的祠堂，于2011年11月被公布为珠海高新区不可移动文物，2012年7月被公布为珠海市不可移动文物。

一、宗祠简介

北沙蔡氏大宗祠位于珠海市唐家湾镇北沙社区外沙村，是外沙村仅存的蔡姓祠堂，始建于清末。坐东北向西南，由主座和左厢房组成，总面宽19.13米，总进深25.53米，建筑面积488.39平方米。由主座、厢房和后座（厨房）组成，主座两侧有青云巷，左侧有厢房，后与后座以连廊连接。主座三间两进夹一天井。青砖墙，灰瓦面，硬山顶，砖石木混合结构，瓜柱抬梁梁架。主座正、垂脊博古脊，后座镬耳垂脊。灰塑、木雕及彩画等图案精美，做工精细。前廊为雕版承檩，虾公梁上置异形柁墩，石门额刻"蔡氏大宗祠"。整个建筑布局和造型，具有传统岭南建筑特色，但其建筑型制和建筑风格又与本地区传统宗祠建筑有所不同，建筑的局部窗门洞口及其装饰体现出近代西式建筑风格，是研究珠海地区祠堂文化及蔡氏家族历史的重要实物资料。

祠堂在中华人民共和国成立后，曾作为解放军驻地。20世纪50年代曾被用作礼和学校小学教室。20世纪六七十年代，充当人民公社大食堂及生产队仓库。20世纪八九十年代，被改为印花厂厂房，其间曾将左侧厢房一进改为办公室，厢房天井加建斜坡屋面。20世纪90年代村民在此开办碾米厂。约从

1995年开始闲置。1997年，村民考虑祠堂及周边民居财产安全，在主座天井四周加建红砖隔墙，封堵右侧原有门洞。

二、维修保护

2017年，珠海高新区启动北沙蔡氏大宗祠修缮工程，建设单位为珠海唐家湾文化旅游有限公司，设计单位为潮州市建筑设计院，施工单位为潮州市建筑安装总公司，监理单位为珠海市建设工程监理有限公司，2017年8月30日开工，2017年12月30日竣工。

（一）维修前损毁情况

1. 屋面

（1）二进及连廊前檐瓦片部分坍塌，屋面残损，瓦片下滑，辘筒断裂，辘筒裹灰部分风化，蚝灰流失，屋面长杂草、藤蔓，局部渗水。

（2）后座（厨房）卷棚屋面残损，瓦片下滑，辘筒断裂，辘筒裹灰部分风化，蚝灰流失，屋面长满杂草、藤蔓，局部漏水，前檐屋面瓦片部分坍塌，部分明间屋面为后人重做且此段后檐唇脊缺失，后座天井内长有高出祠堂屋面的树木；后座与厢房连接的卷棚屋面缺失，墙体保留原有檩条洞口，墙上留有屋面盖瓦的痕迹。

（3）厢房一进屋面长杂草、藤蔓，辘筒裹灰部分风化，蚝灰流失，后檐屋面被改建，加建混凝土排水槽；二进屋面檐口部位长杂草、藤蔓，辘筒裹灰部分风化，蚝灰流失，局部渗水；天井屋面在充当印花厂时被改建，原来的天井两侧连廊卷棚被拆除，改建成单坡屋面；三进前檐屋面瓦片、檩条、桷板坍塌，连廊卷棚屋面部分坍塌。

（4）右青云巷屋面为后人重做，加建单坡屋面，后墙为红砖砌筑；左青云巷二进天井与厢房天井连接卷棚屋面缺失，墙体保留原有檩条洞口，墙上留有屋面盖瓦的痕迹。

2. 墙体与柱

（1）主座正面墙体，清水青砖墙，墙裙条形麻石。墙面粉刷灰浆，前门口右侧长了一棵桑树，左厢房正面外墙面发霉；厢房左侧外墙体后开门洞、局部破损，墙面发黄，局部粉刷灰浆。

（2）主座一进明间内墙面局部粉刷灰浆，右侧墙体后开门洞，后檐口后加红砖隔墙，梁下后加红砖隔墙；左右次间墙面局部粉刷灰浆，墙体局部后开窗洞，右次间后加隔楼，连廊后加红砖隔墙；连廊内墙面粉刷灰浆，内檐口后加红砖隔墙，右连廊原有门洞被红砖封堵，左连廊山墙原有门洞加大，墙面长青苔，墙面后加檩条；二进内墙面四周粉刷灰浆，后墙后开门洞，明间门洞已被红砖封堵，屋面渗水，墙面发霉、长青苔。

（3）二进天井外墙面长青苔，后座天井外墙面长植物、青苔，后座山墙后开窗洞，原有门洞被红砖封堵，西北角墙面有原围墙驳接砖缝痕迹，一进留有一段原青砖砌筑围墙。

（4）右青云巷围墙被拆除，一进留有一段原青砖砌筑围墙，巷内加建两间砖瓦平房，地面种植蔬菜；左青云巷内长满杂草及树木，墙面长有藤蔓，两侧山墙大量后期加建屋面留下的檩条洞口，墙面局部粉刷灰浆；右青云巷门楼被加建红砖墙、板瓦屋面，墙面粉刷灰浆。

（5）后座内墙面局部破损、后开窗洞、粉刷灰浆，墙角发霉、长青苔；明间后墙上部墙面为后人后来重砌，檐口乌烟灰塑线条缺失，墙体整体往外倾斜，缝宽上大下小，最宽处80毫米；右次间内墙粉刷灰浆，后墙后开门洞被红砖封堵。

（6）厢房一进被改建，后加红砖隔墙、夹板吊顶，首层墙面水泥砂浆批荡刮腻子油乳胶漆，二层墙面满刷灰浆，墙体后开门窗洞。二进内墙面满刷灰浆，山墙后开门窗洞，后加红砖隔墙，后墙面发霉、长青苔，天井屋面被改建，通往主座原有门洞被红砖封堵。三进内墙局部粉刷灰浆，墙面大量后开洞口，山墙后开门洞，原有门洞被红砖封堵。

3. 地面

（1）主座一进前廊为三合土地面，局部破损；一进红阶砖斜铺地面局部破损、空鼓；天井为三合土地面，四周条形麻石收边，地面长满植物；左右连廊为水泥砂浆地面且左连廊地面被填高；二进地面发霉、长青苔，局部被改建，右次间及后侧被改成水泥砂浆，地面被填高，左次间后铺青砖地面，明间保留部分红阶砖。

（2）后座明间及左次间后铺水泥砂浆地面，后加红砖砌灶台及储水池，地面堆积垃圾、杂物，天井长有一颗树。

（3）左青云巷地面以三合土为主，少量条形麻石，巷内长满杂草、灌木，地面堆积的垃圾、树叶，杂草丛生；右青云巷门口地面被填高，地面铺水泥砂浆。

（4）厢房一进前半部分被改建，地面后铺抛光砖，地面有水泥残渣，后半部分红阶砖丁铺；二进天井被填高，二进地面红阶砖斜铺，地面有大量灰尘，局部长青苔；三进红阶砖地面堆积屋面坍塌的瓦片。

4. 屋面木结构

（1）主座一进和连廊屋面局部渗水，部分檩条桷板白蚁蛀蚀，檩条内部蛀空，木构件油漆陈旧、老化；一进原有仪门缺失，左右次间原有花格屏门缺失，仅存屏门上槛木。

（2）二进屋面局部渗水，部分檩条、桷板被白蚁蛀蚀，檩条内部蛀空，前檐部分瓦片坍塌，木构件油漆陈旧、老化，神龛及牌匾缺失。

（3）后座屋面局部漏水，部分檩条、桷板霉烂，前檐屋面瓦片部分坍塌，木构件油漆陈旧、老化。

（4）天井右连廊屋面漏雨，檩条、桷板霉烂、蛀蚀，屋面瓦片、檩条、桷板部分已坍塌。

（5）厢房一进屋面局部渗水，部分檩条、桷板霉烂，木构件油漆陈旧、老化；天井原卷棚屋面被拆除改建成单坡屋面，与二进屋面接驳，在一进后檐加建混凝土排水槽，漏水。厢房二进屋面局部渗水，部分檩条、桷板霉烂，木构件油漆陈旧、老化。厢房三进屋面檩条、桷板霉烂，前檐屋面瓦片、檩条、桷板已坍塌，天井连廊屋面部分坍塌。

5. 木门窗及木装饰

（1）主座大门为后人重做，门扇尺寸与门洞不协调，门扇款式与建筑风格不协调；厢房通往主座二进、厢房通往后座、厢房二进通往三进的门洞被红砖封堵，门框及板门缺失。

（2）左连廊原有双开木板门缺失，门洞尺寸被改变，右连廊原有双开木板门缺失，门洞被封堵；右青云巷门楼双开板门为后人重砌，门框及门扇霉烂，左青云巷后装铁门，原双开木板门缺失。

6. 脊饰灰塑彩画

（1）内墙面所有彩画面层涂刷灰浆。

（2）主座正脊、垂脊脊饰灰塑风化、残损，灰塑线条风化、残损；一进垂脊风化、残损；厢房正脊、垂脊灰塑局部风化；青云巷门楼及右侧灰塑风化、残损，部分灰塑脱落。

（二）工程主要内容

1. 拆除及清理工程

（1）清理祠堂内外植物、垃圾和杂物；清理地面青苔、霉菌；清理主座连廊地面后铺水泥砂浆、二进地面后铺水泥砂浆及青砖；清理右青云巷门口水泥砂浆；降低室外地坪，平整场地。

（2）拆除一进后砌红砖隔墙和主座天井四周后砌红砖隔墙；拆除右青云巷内后加建筑及前门楼后改建建筑；拆除红砖封堵的门洞和后改建加建的门窗；拆除厢

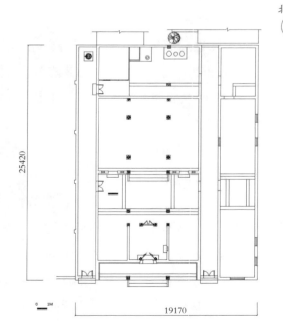

北

25420

19170

图4-109　北沙蔡氏大宗祠平面图

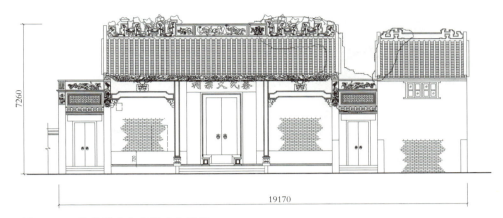

图4-110 北沙蔡氏大宗祠正立面图

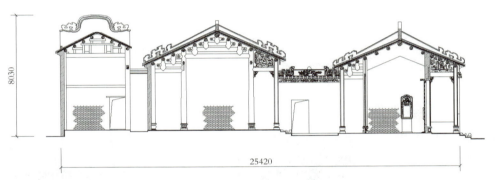

图4-111 北沙蔡氏大宗祠剖面图

房天井后改建屋面，拆除后加墙体。

2. 屋面工程

（1）全屋面进行揭瓦重盖。揭瓦后按原材料原尺寸更换屋面朽烂、蛀蚀的檩条、桷板、飞橡，修补加固开裂可继用的檩条。清洗屋面板瓦及筒瓦，补配屋面欠缺古制红泥板瓦、筒瓦及勾头瓦。

图4-112 北沙蔡氏大宗祠维修前外观

按传统工艺复原屋面贝灰砂浆和锚固件。

（2）恢复左右青云巷门楼后檐、左青云巷过道传统辘筒瓦屋面，恢复屋面檩条、桷板、飞橡，屋面施二层板瓦，复原屋面贝灰砂浆和锚固件。

（3）恢复厢房二进天井连廊传统辘筒瓦屋面，恢复屋面檩条、桷板、飞橡，屋面施二层板瓦，复原屋面贝灰砂浆和锚固件，复原连廊前后过梁及博风墙。

3. 墙体与柱工程

（1）清理主座右山墙外墙面污渍、青苔，修补面墙后开窗洞；清理主座一进前走廊墙面、内墙面灰浆层，修补墙面后开窗洞，恢复清水砖墙面；清理主座连廊内墙面灰浆层，恢复清水砖墙面；清理主座二进内墙面、后墙外墙面的灰浆、污渍、青苔，修补墙面后开门洞，恢复清水砖墙面。

（2）保留明间后砌砖墙，墙体进行扶正加固，新旧墙体接驳处砌成工

图4-113　北沙蔡氏大宗祠维修后外观

字缝；修复后右次间房间墙体风化的青砖；清理后座内墙面灰浆层，恢复清水砖墙面，修补墙面后开窗洞，修复左侧山墙后开墙洞及破损的青砖。

（3）修补厢房左山墙后开门窗洞；清理厢房一进内墙面水泥砂浆批荡层及上部灰浆层，恢复清水砖墙面；清理厢房二进、三进内墙面灰浆层、污渍、青苔，修复和加固三进左山墙开裂墙体，修补墙面后开窗洞及墙面遗留檩条洞口，恢复清水砖墙面。

（4）修补左青云巷两侧山墙遗留檩条洞口；复原右青云巷缺失的围墙，参照遗存墙体砌法，复原清水青砖墙，复原墙头乌烟白色灰塑线条。

4. 地面工程

修复主座一进三合土地面、红阶砖地面，更换地面破损的红阶砖。复原主座连廊、二进、厢房一进传统红阶砖地面及后座天井三合土地面。重做复原厢房二进天井、右青云巷三合土地面。

5. 木门窗及木装饰

（1）重做复原主座一进大门双开木板门，重做木门框；重做复原主座一进缺失的花格仪门，复原仪门上部花格窗；复原两侧木制金柱，复原花岗岩柱础；重做复原主座右连廊双开木板门，重做木门框。

（2）恢复后座右连廊侧门，重做复原双开木板门，重做木门框；恢复

图4-114　北沙蔡氏大宗祠维修前内部

图4-115　北沙蔡氏大宗祠维修后内部

图4-116　北沙蔡氏大宗祠维修后前座正脊灰塑及封檐板

后座右次间房门木过梁，不做木门。

（3）重做复原左右青云巷门楼双开木板门，重做木门框。

（4）恢复厢房通往主座二进门、通往后座门、厢房二进通往三进门的原有门洞，不做木门；修复厢房山墙原有木窗，补配缺失的窗玻璃。

6. 灰塑彩画

（1）对祠堂内墙面所有彩画进行清理，清理表面灰水、污渍。

图4-117　北沙蔡氏大宗祠维修后的后座镬耳山墙

（2）修复一进、二进正脊、垂脊，修复脊饰灰塑、线条；修复连廊内檐、外檐博古灰塑唇脊。

（3）修复一进前檐墀头灰塑；修复主座门洞上部灰塑，修复花格窗边框灰塑线条，补配破损的琉璃花格窗。

（4）修复右青云巷门楼灰塑线条，修复及右青云巷右侧围墙墙头灰塑线条，修复左青云巷门楼灰塑线条。

7. 其他

所有木构件均作防腐、防虫处理，刷桐油漆三遍；新安装的檩条及梁架入墙部分采用沥青油做防潮包裹处理；重做右青云巷铁井盖；清理、疏通建筑内排水暗渠；修复厢房左山墙墙角档水护坡；重做右青云巷排水系统。

第十四节

唐家瑞芝唐公祠

瑞芝唐公祠是纪念著名洋行买办、洋务运动的积极参加者唐瑞芝而建的祠堂，于2011年5月13日被公布为珠海市文物保护单位，2019年4月19日被公布为广东省文物保护单位。

一、唐瑞芝简介

唐瑞芝（1840—1898），字高权，广东香山县唐家乡（今属珠海市唐家湾镇）人。曾任汉口俄商阜昌洋行买办，在上海、天津、汉口、香港等商埠经商，富甲一方，光绪年间《天津俄租界议定书》载有："第三地段系唐瑞芝基地，东至江边，南至宝顺洋行基地，西至大路，北至无主之地，丈得三十九万七千一百三十二英方尺。"致富后回乡建大宅，修祠堂，办学堂。

图4-118　2015年的唐家瑞芝唐公祠

二、瑞芝唐公祠简介

瑞芝唐公祠位于珠海市唐家湾镇唐家社区山房路，建于清光绪三十年（1904）。坐西向东，广三路中轴线对称平面布局，总面宽25.50米，总进深28.88米，总建筑面积736.44平方米。中路面阔三间，两进两廊夹一天井；抬梁与穿斗混合木构架，硬山顶，灰瓦面，青砖墙，红阶砖地面，外柱为石柱石础，内柱为木柱石础。

瑞芝唐公祠为唐家湾镇保存较好的具清代岭南建筑风格的祠堂。头门水磨青砖工艺精湛；祠内木梁架、柁墩、雀替等木构件上的木雕十分精美，步梁和桁架饰金箔；壁画以大画幅为主，祠内保存有多幅清末壁画大师杨瑞石的作品；石构件，头门上的石驼峰、雀替雕刻非常精美。整座祠堂内石柱和柱础的形制各有不同，石柱础和木梁架雕凿细腻、形式多变而又有分布规律，具有相当高的艺术价值。

祠堂在20世纪30年代初曾做中山模范县训政委员会办公场所。日军侵华时曾被占为日军警备司令部。1949年以后由唐家中学使用至2008年，曾作师生宿舍、校办工厂、溜冰场、食堂等用途。

三、维修保护

2012年，瑞芝祠交由珠海唐家湾文化旅游有限公司管理，其间为保护文物，曾作简单清理维护，并拆除遮挡祠堂的临街商铺，建立围墙。2014年起，瑞芝祠由珠海高新区（唐家湾镇）文化中心负责管理，同年底开展抢救性维修，拆除大部分后建添加物，重新铺设院内门前麻石板地面，在右侧围墙边增建卫生间，于2015年元旦起作为唐家湾镇文化站分站，主要开展武术培训、非遗传承、展览展示等文化活动。

2017年，珠海高新区启动瑞芝唐公祠修缮工程，建设单位为珠海高新区

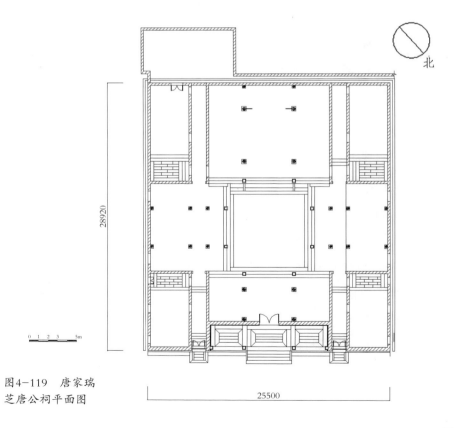

图4-119　唐家瑞
芝唐公祠平面图

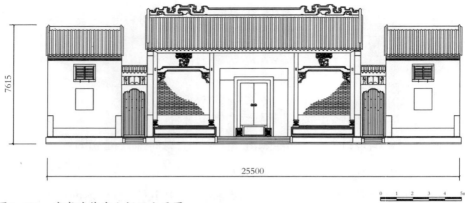

图4-120　唐家瑞芝唐公祠正立面图

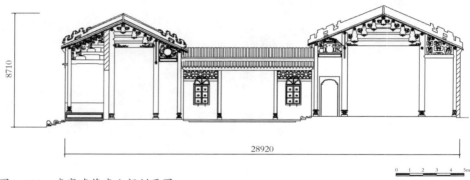

图4-121　唐家瑞芝唐公祠剖面图

（唐家湾镇）文化中心，设计单位为广州匠舍建筑设计咨询有限公司，施工单位为佛山市工程承包总公司，监理单位为珠海市建设工程监理有限公司，2018年1月6日开工，2018年5月6日竣工。

（一）维修前损毁情况

1. 前庭院、头门麻石地面断裂，大门木门开裂，麻石柱被批白灰，右侧山墙砖雕墀头、一进屏风门、二进落地罩、挂落、木雀替缺失，木柱油漆剥落、腐朽，石柱础风化残损。

2. 一进、二进、青云巷被改为水泥砂浆地面，天井被改为水磨石铺地，左右厢房天井被填平，左厢房一进被改为木地面，二进、三进以及右厢

图4-122　唐家瑞芝唐公祠维修前

房一进被改为水泥花阶砖铺地，右厢房三进被改为瓷砖地面，原大阶砖地面破损。

3. 青云巷木门缺失且被加铁门，青云巷后墙体被加砌红砖墙体。

4. 厢房木门被改为与建筑风格不同的形制，木门扇、隔扇门、横批窗均缺失，右厢房后墙开有门洞且三进被后贴瓷片。

图4-1223　唐家瑞芝唐公祠维修后

5. 所有墙面被扫白灰，污损严重，批荡残损剥落，受潮发黑，灰塑黑底颜色脱落、风化，壁画被刷石灰，梁柱装饰鎏金残损，斑驳褪色。

6. 屋面辘筒抹灰剥落、瓦件移位、受潮发黑，正脊、垂脊风化残损、缺失，檩条、桷板、梁架油漆剥落、腐朽发白、开裂受损，左右厢房天井被加建屋面。

7. 排水系统受损，后加电线照明，线路较乱。

（二）工程主要内容

1. 拆除后加铁门、木门、红砖墙体、瓷砖墙面、天井屋面、水泥砂浆地面、水磨石地面、木地面、水泥花阶砖铺地、瓷砖地面以及被填平的天

图4-124　唐家瑞芝唐公祠维修前外部

图4-125　唐家瑞芝唐公祠维修后外部

图4-126　唐家瑞芝唐公祠维修前内部

图4-127　唐家瑞芝唐公祠维修后内部

图4-129　唐家瑞芝唐公祠
维修后庭院

图4-128　唐家瑞芝唐公祠维修前庭院

图4-130　唐家瑞芝
唐公祠中的杨瑞石
作品《传经图》

图4-131 唐家瑞芝唐公祠中的杨瑞石作品《柑酒听黄鹂》

图4-132 唐家瑞芝唐公祠中的杨瑞石作品《鹿鸣嘉燕》

井，剔除、整理、复原前庭院和头门碎裂麻石地面，复原大阶砖、麻石、三合土地面。

2. 揭瓦重盖屋面，更换腐朽檩条、桷板，修复开裂檩条，按现存脊饰做法复原缺失博古正脊、垂脊，修复正脊、垂脊灰塑。

3. 封堵后开门洞、窗洞，恢复被堵门洞，填补裂缝，清洗墙面，

图4-133 修复后的唐家瑞芝唐公祠砖雕墀头

修复批荡，复原清水青砖墙体，复原一进前檐山墙砖雕墀头，清理、恢复山墙灰塑，清理壁画。

4. 修复头门木门，复原厢房木门，恢复缺失的木窗、窗框，重做木门扇、隔扇门、横批窗、封檐板。

5. 修复开裂木柱、干裂脱榫梁枋，清洗麻石柱。

6. 新作木件防虫、防腐、防白蚁及油漆处理。

7. 修复排水系统，整理建筑物外的电线、管线，重新铺设水电。

四、活化利用

瑞芝祠在完成修复的基础上，经一年多的精心打造，深挖唐家村形成与发展的历史，运用文字、图片、实物、文物、音像等多种陈列形式，并辅以

图4-134 设在唐家瑞芝唐公祠内的唐家村史馆

多媒体数字化手段，设立唐家村史馆，以全方位展示唐家村之真、之美、之特。唐家村史馆于2019年1月20号正式开馆，常设展览通过源起釜涌、声名鹊起、模范县治、艰苦奋战、珠海之初、蓬勃发展、今日唐家七个章节介绍了唐家村形成与发展的历史。除此之外，馆内还设有民风民俗、唐家古韵、名人英烈、名师壁画等专题展览。

第十五节

官塘横岗卓公祠

官塘横岗卓公祠是纪念官塘卓氏四世祖卓刘成（横岗公）的祠堂，于2011年11月被公布为珠海高新区不可移动文物，2012年7月被公布为珠海市不可移动文物。

一、祠堂简介

官塘横岗卓公祠位于珠海市唐家湾镇官塘村沙桥沟路，建于清道光三十年（1850）。坐西南向东北，广三路平面布局，有后院，总面宽26.50米，总进深37.56米，建筑面积995.34平方米。中路面阔三间，两进两廊夹一天井，左右路均有前、中、后厢房，以青云巷相连。后院面阔五间，与主座以横巷相隔。抬梁与穿斗混合木构架，硬山顶，灰瓦面，博古脊，琉璃瓦当、滴水。青砖墙，麻石墙裙，雕花封檐板，石柱础，石柱、木柱并用。有石雕、木雕、砖雕和灰塑。横岗卓公祠整体格局与当地传统祠堂格局基本一致，为典型的岭南传统祠堂建筑风格。

祠堂在抗日战争时期，曾被日军占用。中华人民共和国成立后，一度作为乡立初级小学（佘氏大宗祠）的分校，后院和厢房作教师宿舍。1988年，由村委会收回产权作为厂房出租，工厂搬离后空置。

二、维修保护

2019年，珠海高新区启动横岗卓公祠修缮工程，建设单位为珠海高新区（唐家湾镇）文化中心，设计单位为湖南华銮文化遗产规划设计有限公司，施工单位为佛山市工程承包总公司，监理单位为珠海市建设工程监理有限公司，2019年2月25日开工，2019年7月15日竣工。

（一）维修前损毁情况

1. 加建后改

厢房后加天花吊顶；后加建平房、厕所，局部后加青砖墙体；主座前后堂及两侧连廊大阶砖地面后改水泥地面；厢房、青云巷地面后改水泥地面。

2. 地面

地面整体保存状况较差，杂物堆积，表面脏污，局部后期人为改动及破坏。

3. 墙体

局部墙面后加电线及铁件等杂物，墙体局部风化、缺损、开裂，表面脏污，局部灰水刷白、乳胶漆刷白，局部草筋灰抹面划砖线风化脱落。

4. 立柱

柱础及立柱均存在表面脏污问题，部分麻石柱础局部缺损，后堂麻石柱础被乳胶漆涂抹，部分坤甸木立柱开裂，油漆褪色。

5. 梁架

屋面梁架局部脏污、糟朽、开裂严重，油漆褪色、脱落。后座局部梁架缺失。

6. 屋面

局部漏雨，素陶勾头、滴水局部缺失，局部后改蓝琉璃勾头、滴水，部分檩条开裂，椽板局部糟朽，正脊、垂脊风化缺损；北侧乔木生长压迫厢房屋面，导致北侧厢房屋面受损。

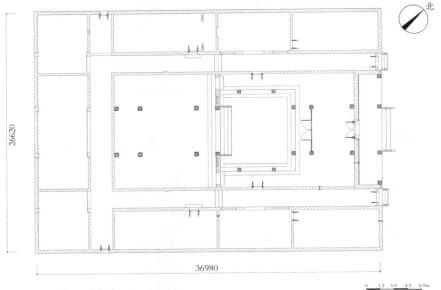

图4-135　官塘横岗卓公祠平面图

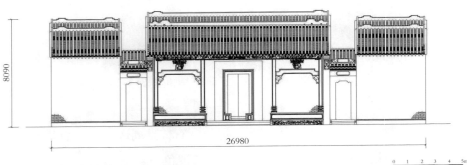

图4-136　官塘横岗卓公祠正立面图

图4-137　官塘横岗卓公祠剖面图

7. 门窗

后开窗、门洞较多，部分后被青砖封堵，现有门洞局部后改铁门，局部门扇、窗扇糟朽、缺失。

8. 装饰构件

木雀替、外博风灰塑图案风化缺失，封檐板、石雕虾公梁、狮子局部缺损；台基石雕刻遭黄泥砂浆涂抹覆盖；后堂彩画风化褪色；梁架木雕纹饰局部糟朽缺损。

9. 周边环境

建筑周边因地面人为抬高，导致原有排水系统排水不畅；周边植被生长茂盛，高大乔木压迫左侧厢房屋面；场地交通通达度较低，仅允许步行进入。

（二）工程主要内容

1. 加建后改

拆除后加建天花吊顶、平房、厕所、加建墙体，铲除后铺水泥地面。

2. 地面

清理杂物，清洗地面，铲除后改水泥地面，恢复主座、厢房大阶砖地面，恢复青云巷三合土地面。

3. 墙体

铲除厢房外立面墙体草筋灰抹面划砖线，清理主座及后座墙面后加电线、铁件等杂物；清洗墙体，剔补风化、缺损、断裂青砖，重做草筋灰抹面划砖线；清洗墙面，恢复清水砖墙，剔补风化、缺损、断裂青砖；拆除后加青砖墙体，重砌缺损墙体。

图4-138　官塘横岗卓公祠维修前外观

图4-139　官塘横岗卓公祠维修后外观

4.立柱

清洗脏污麻石立柱及柱础，清理脏污坤甸木立柱，铲除柱础后涂乳胶漆，修复开裂坤甸木立柱，重刷赭色漆，进行防虫防腐工程。

5.梁架

恢复后座缺失梁架，更换糟朽严重梁架，清理梁架，修复开裂梁架，

图4-140　官塘横岗卓公祠维修前内部

图4-141　官塘横岗卓公祠维修后内部

图4-142　官塘横岗卓公祠木雕

重刷赭色漆，进行防虫防腐工程。

6. 屋面

屋面揭顶重铺，修复缺损灰塑正脊及垂脊；按原规格重新订制勾头、滴水；更换开裂、糟朽严重檩条及糟朽桷板，修复开裂檩条，重刷赭色漆，进行防虫防腐工程。

7. 门窗

拆除后开门、窗，门、窗洞按墙面砌筑工艺砌青砖重新封堵；清洗麻石门框及窗框，恢复原有门洞及窗洞，重做缺失杉木门扇及窗扇。

8. 装饰构件

重做外博风灰塑图案、木雕雀替，修复封檐板、石雕虾公梁、狮子，铲除台基石雕刻覆盖黄泥砂浆抹面，恢复缺失构件，清洗表面脏污装饰构件。

9. 周边环境

疏通场地排水，恢复原自然散水，清理周边茂盛植被。

图4-143　官塘横岗卓公祠狮型斗拱

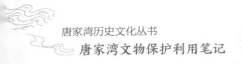
第十六节

上栅乡约

上栅乡约是珠海地区仅存的乡村办公和议事祠堂之一，于2011年11月被公布为珠海高新区不可移动文物，2012年7月被公布为珠海市不可移动文物，2018年2月10日被公布为珠海市文物保护单位。

一、乡约简介

上栅乡约位于珠海市唐家湾镇上栅村泰兴巷1号，左邻积庵卢公祠，右连易初祠。祠堂建于清光绪十二年（1886），由主座和左厢房组成。坐西北向东南，总面宽15.64米，总进深19.38米，建筑占地面积303.10平方米。中路面阔三间，两进两廊夹一天井。抬梁与穿斗混合木构架，硬山顶，灰瓦面，博古脊，青砖墙体，花岗岩石基。门额石阳刻"乡约"二字，上款"光绪丙午年"，下款"阖乡创建"。明间室内左侧贴内山墙，原立石碑一通，现地面遗存碑刻底座一方，上部碑身无存。厢房靠青云巷的内墙上有花岗岩石刻两方，一方刻于"光绪三十一年岁次乙巳五月"，另一方刻于"光绪三十一年岁次乙巳八月初十日"。石碑记录县衙门平息上栅村与官堂（今官塘村）土地纠纷事件。乡约是中国封建王朝对乡村实施宗法统治走向行政管治过渡时期的产物，上栅乡约为研究珠海地区封建社会中乡村的政治变革和社会变迁提供了活标本，有较高的历史价值。

中华人民共和国成立后，上栅乡约长期由上栅村集体使用。

二、维修保护

2018年，珠海高新区启动上栅乡约修缮工程，建设单位为珠海高新区（唐家湾镇）文化中心，设计单位为佛山市清华文博顾问有限公司，施工单位为佛山市工程承包总公司，监理单位为珠海市建设工程监理有限公司，2018年3月6日开工，2018年6月14日竣工。

（一）维修前损毁情况

1. 主座和厢房前座被后改为水泥地面，厢房后座地面后期改铺陶瓷地砖，青云巷原麻石板地面被改铺水泥面层，墙面被大量涂刷灰浆，多处封檐板缺失，青云巷被加铺锌铁皮盖顶，卷廊残损，厢房天井增铺锌瓦、塑料屋面，加建卫生间，后加设塑胶落水管。

2. 左右次间面墙后开窗洞，右次间背部后砌墙，墙面后开门洞、后加砖柱，二进后墙背面裂缝严重，巷内被砌墙隔断，左厢房前座面墙后开门洞，后加卷闸门、锌铁棚，原门洞改为窗洞，室内墙面后增墙裙，隔墙崩缺，后墙潮湿滋生青苔严重。

3. 屋面部分后期修缮做法与原状不同，厢房阁楼、卷棚顶天花缺失，后堂屋面后开换气洞孔，瓦当、飞橼缺失，主座阁楼、屋面檩条开裂、蛀蚀，脊饰残缺。

4. 主座头门门洞被改小，加卷闸门，原门扇、挡中屏门、木下槛缺失，左次间槛框残损，右次间槛框缺失，厢廊门扇缺失

图4-144　上栅乡约平面图

图4-145　上栅乡约正立面图

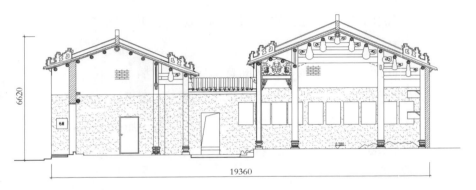

图4-146　上栅乡约剖面图

且门槛被水泥面层覆盖抬高，梁架积尘、饰面风化，二进顺枋、花罩缺失，山面八字装饰被铲，巷门松脱、开裂、磨蚀严重，原木门缺失，门槛垫石下沉，石门夹与墙体分离，通往厢房便门被封堵。

（二）工程主要内容

1. 拆除后期加建卫生间、锌铁棚、塑料屋面、塑胶落水管，铲除后改的水泥地面、陶瓷地面以及厢廊后加水泥门槛，封堵后开窗洞，拆除增砌墙体、墙裙。

2. 恢复主座和厢房大阶砖地面、青云巷麻石地面、阁楼楼面铺装大阶砖。

3. 复原厢房隔墙，修补墙体裂缝，清洗墙面，恢复清水青砖墙。

图4-147　上栅乡约维修前　　　　　　图4-148　上栅乡约维修后

4. 揭瓦重铺，复原前座后坡屋面、卷棚天花屋面，补配缺失瓦当、飞椽，修复、更换开裂、蛀蚀檩条，修复脊部。

5. 复原主座头门木门，青云巷木门以及通往厢房的便门，恢复阁楼、楼梯、上下木隔断等，增补缺失的楼梯、护栏、木隔断、封檐板、顺枋、花

图4-149　上栅乡约祠内的碑刻　　　图4-150　上栅乡约花池

罩、挡中屏门等。

6. 修复山墙八字、草尾、檐墙顶部灰版等残损灰塑，清洁石刻、头门门额、梁架。

三、活化利用

在修缮基础上，珠海高新区于祠堂内设立乡约专题展。陈展通过场景重现、讲故事的形式，讲述古代家训、家风对炎黄子孙的深远影响，经过千年传承、沉淀、演化到新时代的家风文化，使之成为青少年家风活动、爱国主义教育基地、广大市民了解学习乡约文化的窗口。

4-151　设在上栅乡约祠内的乡约专题展

第十七节

唐家广达唐公祠

唐家广达唐公祠是纪念唐家唐氏第六世祖唐广达的祠堂，于2011年11月被公布为珠海高新区不可移动文物，2012年7月被公布为珠海市不可移动文物，2018年2月被公布为珠海市文物保护单位，与菊庄唐公祠、宪尧唐公祠、玉我唐公祠、巨川唐公祠组成唐家广达房唐氏祠堂群。

一、祠堂简介

广达唐公祠位于珠海市唐家湾镇唐家村山房路中段。祠堂始建于明代，清道光二十七年（1847）重修。据唐家《子英房谱》（民国二十三年春初版）记载，唐家始祖名陶，字居俊，号绍尧。南宋末年由南雄珠玑巷经新会迁香山县釜涌境（今唐家）。二世璟，生九子，即兆一、兆二、兆三、兆四、兆五、兆六、兆七、兆八、兆九。兆一、兆二、兆四、兆五、兆六今已无考。兆三居三乡，但房谱已失传，亦无考。兆七孙即五世子英，迁香山东南角釜涌境（今唐家），生六子，长广礼，次广达，三广琛，四引达，五广通，六广润。其中，广礼居鸡拍（今鸡山），广达居唐家一堡，广通居唐家五堡，广润适东莞，而广琛和引达则无嗣。兆八、兆九均居唐家二、三堡，但无谱可考。另据江门新会麦园族谱（雍正九年，即1713年）记载，唐居俊父名胄，字羡宿，生有派、有淮、有源三子。有派迁海南儋州，有淮号居俊，自保昌迁香山唐家。唐广达属子英房，现唐家村一堡唐姓村民多为其后裔。

广达唐公祠坐西北向东南。面阔三间，三进夹两天井，总面宽11.92米，总进深30.94米，建筑面积368.80平方米。抬梁与穿斗混合木构架，硬山顶，青砖墙，灰瓦面，素瓦当，素胎陶瓦勾头，博古脊，瓜柱抬梁，花岗石虾公梁。头门前檐墙内外侧及山墙内侧墙楣绘有精美壁画，头门左右山墙前檐装饰有灰塑墀头，绘有鲤鱼、花鸟、寿桃纹饰。山墙外侧墙楣有黑底白纹卷草纹灰塑。

广达祠于人民公社时期曾用作公社办公地点。改革开放后曾用作毛衫厂、五金厂。2002年，归属于珠海市公产房管理中心管理，此后多年被隔成单间出租房。2014年起，被用作私人古玩店。2016年，随市管公产房移交高新区。2018年，由珠海高新区建设局委托珠海高新建设投资有限公司接收管理。

三、维修保护

2019年珠海高新区启动广达唐公祠修缮工程。建设单位为珠海市高新建设投资有限公司，设计单位为华南理工大学建筑设计研究院有限公司，施工单位为广东省六建工程总承包有限公司，监理单位为珠海市建设工程监理有限公司，2019年5月14日开工，2020年1月14日竣工。

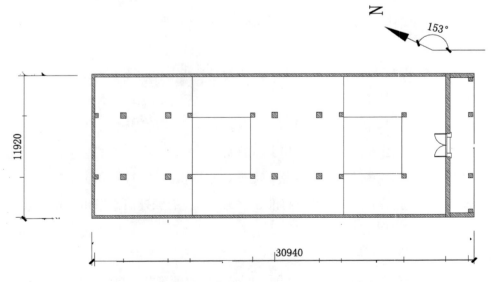

图4-152 唐家广达唐公祠平面图

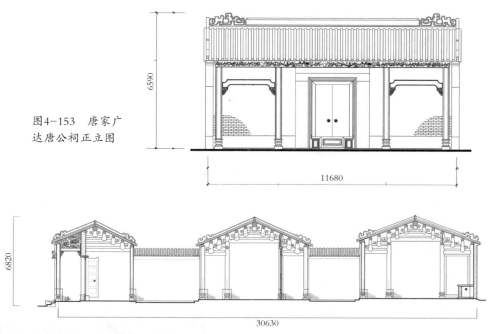

图4-153　唐家广
达唐公祠正立图

6590

11680

图4-154　唐家广达唐公祠剖面图

6820

30630

（一）维修前损毁情况

1. 墙体多处后开门、窗，局部被重砌，天井后期加建墙体，中堂左次间后檐、侧廊内檐有后期加建隔墙，中堂左右次间前檐通向前天井侧廊门洞后期被封堵，后天井后加砖柱；天井上方后期加建辘灰筒瓦屋面，头门明间后檐檩、中堂明间前后檐檩、后堂明间前檐檩缺失，被改为钢筋混凝土梁；室内地面后期改建严重，头门前檐廊后期改建为灰砂地面及瓷砖铺地，室内改建为水泥铺地，室内外地面后期均有加高。

2. 花岗石台阶及垂带石缺失，头门前檐花岗石虾公梁风化破损，梁上驼峰斗拱、石雀替、石挑头缺失，灰塑墀头风化破损，其余硬木梁架风化破损。

3. 头门杉木大门木构件风化破损，轻微开裂，被加铁制构件支撑；杉木门框、杉木门楣风化破损，门栓、门槛、门匾、对联缺失；花岗石门框风化破损，花岗岩门枕石局部被埋入地下；屏风门及横批窗缺失，杉木牌匾风化破损；后堂屏风门、窗棂、木隔墙缺失；其余门窗均为后期加建。

4. 硬木圆柱、花岗石圆柱柱身风化破损，花岗石柱础风化破损，局部被埋入地下。

5. 内墙表面被后扫白灰，墙体受潮发霉，中堂前檐右次间隔墙局部开裂。

6. 屋面风化破损、受潮生苔，局部漏水，桷板糟朽，素胎陶瓦勾头风化破损、局部缺失，正脊、垂脊风化破损，封檐板缺失。

7. 山墙灰塑严重风化破损，室内壁画严重风化破损、局部表面后期涂抹石灰水，后堂后檐墙砖砌拜台缺失。

（二）工程主要内容

1. 拆除后加建墙体、隔墙、砖柱、后封堵门洞、天井后加建屋面和头门、中堂、后堂钢筋混凝土梁，铲除后铺水泥地面、灰砂地面、瓷砖铺地，封堵后加建门洞、窗洞。

图4-155 唐家广达唐公祠维修前

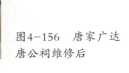

图4-156 唐家广达唐公祠维修后

2．复原花岗石台阶及垂带石、虾公梁梁上驼峰斗拱、石雀替、石挑头，修复灰塑墀头，硬木梁架。

3．修复头门大门、门框、门楣，新造复原缺失门栓、门槛、门匾、对联、屏风门、横批窗、后堂屏风门、窗棂、木隔墙，复原石门枕石。

4．复原被局部埋入地下的花岗石柱，修复木柱，重新油漆处理。

图4-157　唐家广达唐公祠维修前

图4-158　唐家广达唐公祠维修后

图4-159　唐家广达唐公祠维修后俯瞰图

图4-160　唐家广达唐公祠虾公梁

图4-161　唐家广达唐公祠木雕

图4-162　唐家广达唐公祠彩画

5. 修补中堂前檐右次间开裂隔墙，清洗内墙面，恢复清水青砖墙面。

6. 揭瓦重铺屋面，复原头门、中堂、后堂缺失檩条，更换糟朽桷板、素胎陶瓦勾头，修复正脊、垂脊，复原封檐板。

7. 清除壁画表面石灰水，恢复后堂后檐墙砖砌拜台。

四、维修的新发现

在广达唐公祠维修中，发现《广达房茭塘记》石碑。其内容为：

本祠靠正鹅山第二峰，众子孙环祠而居。堪与家谓得龙正脉，形势最佳。亦差者，局小无水，亟宜设法，以成其美。于是，多方在万安门旁锹成一塘，名曰"茭塘"。想当时多生茭笋，因以名欤？书曰："巽水一勺可救贫。"又云"明朝不如暗拱"，此之谓也。其塘上下余地，留为菜园，务使宽平，以疏其气。倘或建造，则闭塞不通矣。不独此也，即塘外之田，亦宜低，不宜高。随又购得鸭塘田一段，专为养局而设。前因达祖亏欠，将田拨归荣达祖会，永为祭尝。然会是合房会，田仍是合房之田也。惟是日久坍塌，四边都不整齐。

道光二十年始，祖锹塘，后谊请容道香先生，再三踏看，大加赞赏：谓该塘与祠果然有益。古人于此费心，诚为卓见。能于南边再取数丈，取其弯环，则成玉带水，更为合法。当即竭力锹之，砌以石砖。至今澄清绿水，弯如半月之形，房内丁财进而益上。此塘之力为不浅焉。因思该处既为气口，则塘与上下园及田均宜照旧，不得稍有变更。第以人烟稠密，屋地甚稀，诚恐日后有不肖子孙垂涎重价，妄议变置，煽惑房恶，牟利营私。

图4-163　唐家广达唐公祠内碑刻《广达房茭塘记》

是贪厚获而忘大害，合房受累无穷也。请即集祠，严拒以碑记为凭，立将该人革出祠外，孙孙子子，万代不得入祠。其房屋、田围，一切事件尽行挑出，直为化外之人，不归更保看管。并以盗卖谋陷，行踪诡秘，禀官严究处置，查封房产，以昭炯戒，保全通房安居乐业。合宜凛遵。是为序。

本祠重修诹吉：于光绪戊子年八月初一庚辰日辰时，行墙、上梁；十一月初九丙辰日卯时，崇升。其加高拓阔，详序于族谱上。

合并声明：后门山一带是本祖契买实业，专为合房风水种植树木，护卫后屏。倘再有倡议，应合通房，竭力拒之，万难徇情。其序文、原契，详在族谱上，以便稽查。

光绪十五年，岁在己丑仲夏，敦礼堂阖房公勒。

第十八节

唐家步九祠

唐家步九祠是唐家梁姓祠堂之一，于2011年11月被公布为珠海高新区不可移动文物，2012年7月被公布为珠海市不可移动文物。

一、步九祠简介

唐家步九祠位于珠海市唐家湾镇唐乐社区佩玉街，建于清代，坐西北向东南。面阔三间，二进二廊夹一天井，总面宽9.79米，总进深22.42米，建筑面积219.49平方米。左右青云巷分别与月奇梁公祠和寿山祠相连。抬梁与穿斗混合木构架，硬山顶，灰瓦面，素瓦当，博古脊，青砖墙，石门框，石门枕，有精美的木雕和石雕。步九祠与月奇祠和寿山祠并列，和梁氏大宗祠一起形成建筑规模较大的梁氏祠堂群。

祠堂前进在改革开放后曾长期作为厂房,后座则于土改时被分作贫困农户住房,约2000年后祠堂因破损严重而空置。

二、维修保护

2019年珠海高新区启动步九祠修缮工程。该工程建设单位为珠海高新区(唐家湾镇)文化中心,设计单位为广州匠舍建筑设计咨询有限公司,施工单位为广东省六建工程总承包有限公司,监理单位为珠海市建设工程监理有限公司,2019年10月17日开工,2020年8月10日竣工。

(一)维修前损毁情况

1. 地面

地面主要分为大阶砖地面、条形麻石地面。地面整体保存状况较差,杂物堆积,表面脏污,局部后期人为改动及破坏。室内大阶砖地面大部分已损坏,现存多为后改的水泥砂浆地面。天井地面被后加水泥地面覆盖。青云巷条石地面破损严重,已发黑长青苔。

2. 柱及柱础

部分木柱出现油漆剥落、局部腐朽等现象;部分石柱础有风化残损问题。

3. 墙体

室内清水青砖墙,大部分被扫白灰水;室外正面青砖墙污损严重,室外草筋灰批挡墙面批荡残损剥落,受潮发黑。墙体多处后开门窗洞,对墙体结构整体性造成影响。

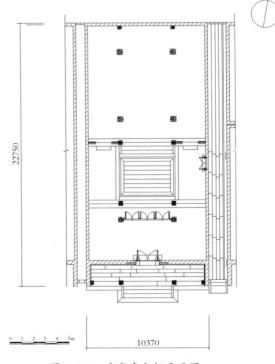

图4-164　唐家步九祠平面图

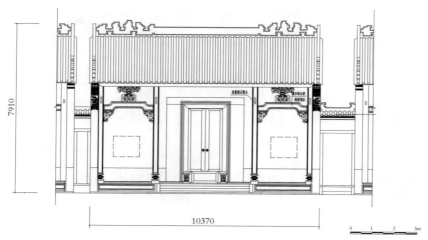

图4-165　唐家步九祠正立面图

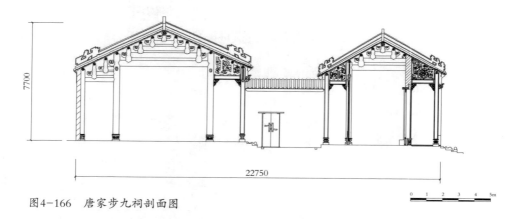

图4-166　唐家步九祠剖面图

4. 门窗和装饰

除大门外，所有门窗均缺失或后改。大门油漆剥落糟朽残损。正门入口挡中门缺失。封檐板缺失，石挑头缺失。

5. 屋面

建筑物屋面出现辘筒抹灰剥落、受潮发黑、瓦件移位、漏雨等问题，部分屋面后期加建。檩条油漆剥落、腐朽发白；正脊、垂脊风化缺损，素陶勾头、滴水局部缺失，部分檩条糟朽开裂，桷板局部糟朽。屋面檩条、桷板、梁架油漆剥落。

6．其他

墙面顶部壁画全部被涂刷石灰水，部分隐约可见，部分完全霉变；排水系统受损。

（二）工程主要内容

1．拆除后加建的砖墙、建筑物、门窗，铲除水泥地面。

2．屋面揭瓦重铺，补配筒瓦、瓦当、勾头、滴水，更换腐朽、霉烂的檩条、椽板、飞椽。

3．封堵后开门窗洞，恢复被堵门洞，修复墙体裂缝，室内清洗清水青砖墙面，室外修复批荡面层。

4．清理地面杂物、垃圾，清洗地面淤泥，恢复大阶砖地面、条石地面。

5．按照原式样原材质修补门窗，重做缺失的门窗，修复开裂门扇、窗扇。

6．清洗石柱、石柱

图4-167　唐家步九祠维修前外观

图4-168　唐家步九祠维修后外观

图4-169　唐家步九祠维修后内部

础、石雕。

7. 所有木构件进行防虫、防腐、防白蚁和油漆处理。

8. 清理被涂刷石灰水的壁画，修复排水系统，统一迁移建筑物外的电线、管线。

第十九节

唐家月奇梁公祠

唐家月奇梁公祠是唐家梁氏第十六世梁月奇的祠堂，于2011年11月被公布为珠海高新区不可移动文物，2012年7月被公布为珠海市不可移动文物。

一、月奇梁公祠简介

唐家月奇梁公祠位于珠海市唐家湾镇唐乐社区佩玉街，建于清代，坐西北向东南。面阔三间，二进二廊夹一天井。总面宽9.44米，总进深13.80米，建筑面积130.27平方米。右侧青云巷与步九祠相连。抬梁与穿斗混合木构架。硬山顶，青砖墙，灰瓦面，素瓦当，博古脊，雕饰封檐板，墀头灰塑，壁画题记，大门石门夹，石门框，地面铺麻石板、大阶砖。有精美的木雕和石雕。月奇祠、步九祠和寿山祠三祠并列，与梁氏大宗祠一起形成建筑规模较大的梁氏祠堂群。

祠堂于1950年解放万山战役时期曾作为战地医院使用，后曾长期作为小学教员住房，约在2000年时因已破损严重空置。

二、维修保护

2019年，珠海高新区启动月奇梁公祠修缮工程，建设单位为珠海高新区

（唐家湾镇）文化中心，设计单位为佛山市清华文博顾问有限公司，施工单位为广东省六建工程总承包有限公司，监理单位为珠海市建设工程监理有限公司，2019年11月17日开工，2020年8月10日竣工。

（一）维修前损毁情况

1. 头门

（1）屋面局部坍塌，瓦件滑动松脱掉落，明间前檐檐口坍塌，屋脊部位开裂漏水，形成"一线天"，加剧室内残损，木基层受潮发霉、面漆风化剥落、自然劈裂，部分桁桷残损严重，封檐板缺失，屋脊垂脊灰塑饰面风化削蚀，左山墙前檐垂脊断裂。

（2）内外墙面大面积涂刷灰浆，墙基排水不畅，长期潮湿，苔藓滋生，右山墙墙脚酥碱，植物侵害严重，面墙窗洞后期封堵，室内左山墙内侧加建灶台及烟囱，室外乱搭电线线路。

（3）室外地面后期加高，踏跺局部被埋，灰沙年久流失，踏步下沉，左侧垂带分离倒塌；室内大阶砖表面污染、积尘磨蚀，后期局部覆盖三合土。

（4）木构梁架长期受潮，发霉泛白，面漆风化剥落，雀替缺失；后檐挡中基本无存，右侧遗存柱础；大门松动、磨蚀严重，后改建，闸门缺失，门框门槛局部残损，门枕石被水泥覆盖；石构年久磨蚀，前檐檐柱石制挑头缺失。

（5）壁画残损严重。抹灰饰面局部雨水浸渍污染、褪色。

（6）山墙八字抹灰、草尾灰塑风化削蚀、残损剥落严重；墀头灰塑剥落、缺失。

（7）右侧青云巷左边明沟淤塞，排水不畅，长期潮湿，植物生长。

2. 侧廊与天井

（1）侧廊屋面渗漏，墙体残损，木构糟朽，大阶砖地面碎裂，泥土杂物覆盖，右侧廊暗渠改建。

（2）天井现状地面石板缺失，排水堵塞，植物侵害严重。

3. 后堂

（1）屋面瓦件滑动松脱掉落，檐口崩缺，瓦件滑动，屋脊部位开裂漏水，形成"一线天"，加剧室内残损；局部后加建天窗。

（2）屋面木构件受潮发霉，面漆风化剥落，部分自然劈裂；封檐板缺失无存，脊饰风化削蚀；明间挂落缺失，仅遗存痕迹。

（3）后堂墙体内外墙面后期大面积涂刷灰浆，外墙上部及内墙墙体因雨水侵蚀后的干湿变化而沉积了水渍污渍，伴有水溶盐析出；墙基排水不畅，长期潮湿，苔藓滋生；右山墙墙脚酥碱；后墙墙基受潮及有植物侵害；后墙及左山墙曾开凿门窗洞，后期封堵，工艺粗糙。

（4）室内地面后期揭除大阶砖，重铺三合土，现杂物堆积，长期潮湿。

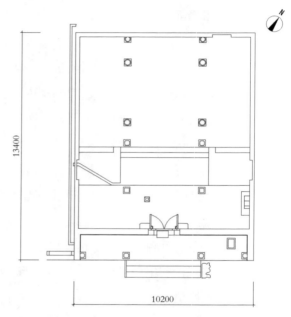

图4-171　唐家月奇梁公祠平面图

图4-172　唐家月奇梁公祠正立面图

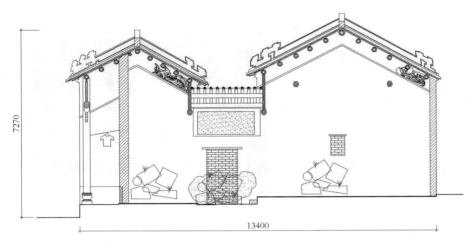

图4-173 唐家月奇梁公祠剖面图

4．其他

（1）前坪后期抬高，水泥面层覆盖原状地面。

（2）电线线路乱搭，影响文物环境。

（3）右侧青云巷门楼残损，后加建。

（4）左侧临建影响山墙结构稳定。

（5）后侧民居后期局部改建，整体残损，导致天沟残损、排水不畅、植物滋生，两屋间隙长期积水。

（二）工程主要内容

1．拆除后期加建天窗、屋面、墙体。

2．屋面揭顶重铺，增补缺失的瓦当瓦件，替换霉蛀残损严重的檩条、桷板，恢复封檐板，参照现存垂脊增补崩缺的左山墙前檐垂脊、八字灰塑。

3．清理和清洁内外墙面，恢复原清水墙面，修复残损，对酥碱严重部分采用传统剔补方法处理。拆除不规范封堵，重新砌筑封堵窗洞。拆除后期加建改建，修复墙体残损。

4．清洁台基石构，嵌补流失的砌缝灰，整修踏跺垂带，加强日常保养和清洁维护。铲除室内后期改建地面，恢复原标高并重新铺设大阶砖面层。重铺大阶砖地面。修复石阶条，补充砌缝灰浆。天井铲除现有植物，处理根部，重新夯土铺筑麻石板，恢复原地面。

5. 清洁木构石构表面积尘与污染，增补缺失门窗并予以油漆和配件配置。恢复大门，替换残损构件，油漆翻新。拆除门枕石水泥面层，修饰残损。复原挡中、挂落。

图4-173 唐家月奇梁公祠维修前外观

6. 恢复缺失灰塑、山墙灰塑草尾、前檐檐柱石制挑头、墀头；清洁壁画表面。

7. 铲除前坪水泥地面，恢复原标高，重铺麻石板地面；重新揭铺右侧青云巷门楼，疏通排水，拆除临建，恢复原状；清除后侧增生植物，修复天沟。

图4-174 唐家月奇梁公祠维修后外观

图4-175 唐家月奇梁公祠维修后内部

第二十节

唐家菊庄唐公祠

唐家菊庄唐公祠是纪念唐家唐氏第七世祖唐菊庄的祠堂，于2011年11月被公布为珠海高新区不可移动文物，2012年7月被公布为珠海市不可移动文物，2018年2月被公布为珠海市文物保护单位，与广达唐公祠、宪尧唐公祠、玉我唐公祠、巨川唐公祠组成唐家广达房唐氏祠堂群。

一、祠堂简介

菊庄唐公祠位于珠海市唐家湾镇唐家村山房路中段，坐西南向东北，右边是广达唐公祠，左前方是宪尧唐公祠，唐家古镇主街道山房路在其前面约10米处通过。祠堂建于清代，面阔三间，两进两廊夹一天井，总面宽10.56米，总进深14.75米，建筑面积155.76平方米。抬梁与穿斗混合木构架。硬山顶，青砖墙，灰瓦面，素瓦当，博古脊。石门夹，石门墩，石门槛。博风山墙，卷草灰塑。菊庄唐公祠装饰简朴，为典型的岭南建筑。

中华人民共和国成立后，20世纪70年代初，菊庄唐公祠一度是公社饭堂，改革开放后曾做工厂厂房。2002年，归属于珠海市公产房管理中心管理，此后多年被作为出租房。2016年，随市管公产房移交高新区；2018年，由珠海高新区建设局委托珠海高新建设投资有限公司接收管理。

二、维修保护

2019年，珠海高新区启动菊庄唐公祠修缮工程，建设单位为珠海高新区（唐家湾镇）文化中心，设计单位为广州汉尔建筑设计有限公司，施工单位

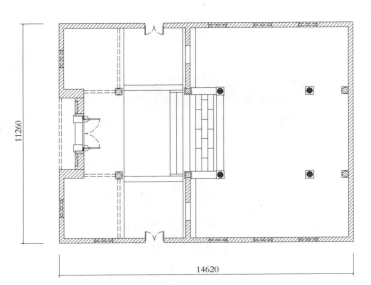

图4-176 唐家菊庄
唐公祠平面图

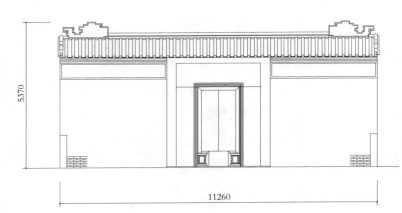

图4-177 唐家菊庄
唐公祠正立面图

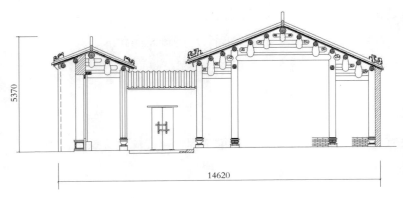

图4-178 唐家菊
庄唐公祠剖面图

为广东五华一建工程有限公司，监理单位为珠海市建设工程监理有限公司，2019年12月20日开工，2020年9月5日竣工。

（一）维修前损毁情况

1. 一进后加天花吊顶，二进心间梁架榫口破损，连系梁缺失，侧廊檩条被切断；一进原有入口墙体被杂砖封堵，室内原有格局被后加墙体破坏，墙体多处后开窗洞、后加电线码，墙角被水泥砂浆覆盖；天井被填平、后加花池，一进后改瓷砖地面，二进、两廊、天井后改水泥砂浆地面。

2. 原头门杉木大门缺失，挑头等构件残损，侧廊原木门扇缺失并改为铁门扇，拱门后加木门，金柱油漆脱落，石柱被扫白灰水。

3. 室内墙面抹灰残损、脱落、有污渍，后改抹灰划线，室外墙面污染、发黑，灰塑破损、掉色严重。

4. 屋面瓦件破损，辘筒砂浆开裂、脱落，瓦件破裂、下滑，底瓦发黑、粉化、下滑，屋面漏水，檩条、桷板、飞椽破损、开裂、油漆脱落，封檐板掉漆、霉烂，梁架油漆脱落。

（二）工程主要内容

1. 拆除天花吊顶、加建的墙体、封堵的墙体、水泥墙面、后加的木门、电线码、花池，铲除水泥砂浆地面、瓷砖地面，封堵后开窗洞。

图4-179　唐家菊庄唐公祠维修前　　　　图4-180　唐家菊庄唐公祠维修后

2. 揭瓦重铺屋面，复原二进后檐连系梁，更换霉烂糟朽严重的檩条、桷板、飞椽等木构件，修复封檐板，重漆梁架。

3. 复原一进正间大门、侧廊木门、木门扇，清洗石柱表面白灰水，重漆金柱。

4. 铲除室内抹灰划线及抹灰墙面，修补破损墙角，恢复清水青砖墙面，清理破损、掉色灰塑。

5. 恢复室内大阶砖地面、天井花岗岩条石地面。

6. 木构件进行防白蚁处理。

图4-181　唐家菊庄唐公祠维修前内部

图4-182　唐家菊庄唐公祠维修后内部

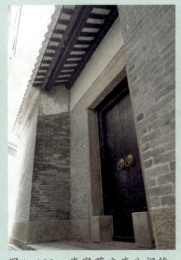

图4-183　唐家菊庄唐公祠维修后大门

图4-184　唐家菊庄唐公祠维修后俯瞰

第二十一节

唐家宪尧唐公祠

唐家宪尧唐公祠是纪念唐家唐氏第十五世祖唐宪尧的祠堂，于2011年11月被公布为珠海高新区不可移动文物，2012年7月被公布为珠海市不可移动文物，2018年2月被公布为第七批珠海市文物保护单位，与广达唐公祠、菊庄唐公祠、玉我唐公祠、巨川唐公祠组成唐家广达房唐氏祠堂群。

一、祠堂简介

宪尧唐公祠位于珠海市唐家湾镇唐家村山房路中段。建于清道光十七年（1837），清光绪二十三年（1897）重修，坐西北向东南。由主座和左厢房组成，现左厢房仅存前厢房。总面宽16.50米，总进深16.92米，建筑面积279.18平方米。主座面阔三间，两进两廊夹一天井。抬梁与穿斗混合木构架。硬山顶，青砖墙，灰瓦面，素瓦当，博古脊。有石雕、木雕、灰塑，头门前廊木雕博古梁架、后堂前檐花草雕花梁架工艺精湛；石雕雀替、石狮驼峰、石雕柱础工艺精美。祠堂内墙体镶嵌有石碑两块，分别为"宪尧祖祠序"和"重修宪尧祖祠序"，碑刻内容明确记载了该祠堂的始建和重修年代，为后人研究唐氏宗族的发展提供重要的依据。

宪尧唐公祠在中华人民共和国成立后曾作为唐家百货公司仓库，改革开放后曾作为工厂厂房。2002年，归属珠海市公产房管理中心管理，长期作为出租房；2016年，随市管公产房移交高新区；2018年，由珠海高新区建设局委托珠海高新建设投资有限公司接收管理。

二、维修保护

2019年，珠海高新区启动宪尧唐公祠修缮工程，建设单位为珠海高新区（唐家湾镇）文化中心，设计单位为广州汉尔建筑设计有限公司，施工单位为广东省六建工程总承包有限公司，监理单位为珠海市建设工程监理有限公司，2019年12月20日开工，2020年9月5日竣工。

（一）维修前损毁情况

1. 头门

屋顶瓦面局部破损、漏雨，灰砂碌筒灰浆脱落，素瓦当残缺；檩条、桷板、飞椽受潮发霉发黑；后换木门；挡中门缺失，木柱仅存柱础；墙体有污渍；头门青砖墙后开窗；前廊次间后建青砖墙隔间，地面阶砖风化，生青苔；祠前地面被抬高，台阶被埋。

2. 天井及两廊

天井地面被条石填平，两廊顶已拆除，天井与两廊上方加建人字顶上盖。

3. 后堂

屋面瓦件破损、漏雨，发霉发黑；檩条、桷板受潮发霉发黑；墙体长青苔、发霉发黑；梁架、木柱油漆剥落，局部开裂；山墙与后墙后开窗；地面阶砖长青苔；前檐和两廊青砖隔墙及拱门缺失；后堂屏门缺失。

（二）工程范围和主要内容

1. 本工程范围

为主路建筑本体，面积

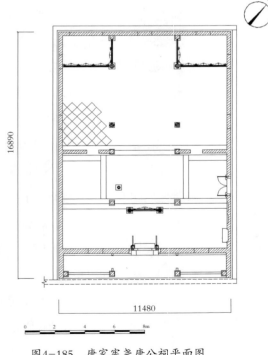

图4-185　唐家宪尧唐公祠平面图

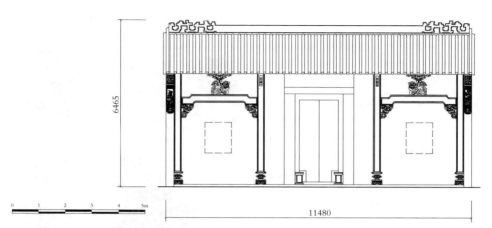

图4-186 唐家宪尧唐公祠正立面图

图4-187 唐家宪尧唐公祠剖面图

193.90平方米。

2. 工程主要内容

（1）揭瓦重铺屋面，更换朽坏的檩条、桷板、梁架等木构件。

（2）室内更换破损、开裂的粘土大阶砖地面；天井地面撬开条石，恢复与两廊的高差90毫米，重新夯实基层，再用条石重铺。

（3）室外墙体铲除表面批荡，重新批荡；室内墙体恢复清水砖墙；拆除头门前廊后加砖墙、木门。

（4）人工清洗污渍、生青苔的墙体、地面。

（5）天井两廊拆除后建人字屋顶及后加高山墙，重做两廊，重建后堂与两侧廊隔墙及拱门；拆除后加排水管。

（6）重做缺失的杉木挡中门、门柱、杉木木门和后堂屏门；拆除后加大门，用老杉木重做；拆除后开窗，用青砖封堵。

（7）疏通室内天井排水沟，建筑周边增加300毫米×200毫米排水沟。

图4-188　唐家宪尧唐公祠维修前

图4-189　唐家宪尧唐公祠维修后

图4-190　唐家宪尧唐公祠维修前内部

图4-191　唐家宪尧唐公祠维修后内部

图4-192　唐家宪尧唐公祠石雕

图4-193　唐家宪尧唐公祠后座

图4-194　唐家宪尧唐公祠门官、碑刻

图4-195　唐家宪尧唐公祠彩画

第二十二节

唐家玉我唐公祠

❧

唐家玉我唐公祠是纪念唐家唐氏第十三世祖唐玉我的祠堂，于2011年11月被公布为珠海高新区不可移动文物，2012年7月被公布为珠海市不可移动文物，2018年2月被公布为珠海市文物保护单位，与广达唐公祠、菊庄唐公祠、宪尧唐公祠、巨川唐公祠组成唐家广达房唐氏祠堂群。

一、祠堂简介

玉我唐公祠位于珠海市唐家湾镇唐家村山房路，建于清代，坐北向南。中路面阔三间，两进两廊夹一天井。总面宽20.88米，总进深18.45米，现存建筑占地面积347平方米。左右路为前后厢房夹一天井，右路后厢房坍塌，有青云巷与中路相连。抬梁与穿斗混合木构架。硬山顶，灰瓦面，博古屋脊，青砖墙体，花岗岩石基，木柱、石柱并用，有精美砖雕、石雕、木雕、灰塑和彩画。玉我唐公祠规模较大，保存尚好。

玉我唐公祠在1951年曾充当唐家卫生院，1953年后曾作为珠海第一人民医院门诊部至20世纪50年代末。20世纪60年代初曾作为中国人民解放军部队驻地。改革开放后一度用作厂房、仓库。2002年，归属于珠海市公产房管理中心管理，曾作为工厂、古董店、食肆等用途，历经多次改建改造。2016年，随市管公产房移交高新区；2018年，由珠海高新区建设局委托珠海高新建设投资有限公司接收管理。

二、维修保护

2018年珠海高新区启动玉我唐公祠修缮工程，建设单位为珠海高新区（唐家湾镇）文化中心，设计单位为佛山市清华文博顾问有限公司，施工单位为潮州市建筑安装总公司，监理单位为珠海市建设工程监理有限公司，2020年1月2日开工，2020年6月20日竣工。

（一）维修前损毁情况

1. 头门

（1）增搭屋面、临时雨棚、天沟、雨水管、金属构架、排水天沟、落水管、电气管线等。墙体下部石脚因后期使用被开凿然后又封堵，内外墙面大面积涂刷灰浆、镶贴瓷片、灰浆抹面扫白、涂刷清漆，局部有油渍污染，后期局部加砌墙体；外墙面上部雨水侵蚀，有沉积水渍污渍及水溶盐析出。

（2）屋面木基层部分存在自然弯曲现象，封檐板缺失，檩条、椽板翻新油饰对瓦底局部造成污染，檐部大部分瓦当缺失，瓦面辘筒灰风化剥蚀严重，左侧山墙顶垂脊无存，后期改作平脊，正脊、垂脊灰塑风化、剥蚀严重。

（3）台基地面局部拼砌开裂、凹陷，室内被混凝土垫高，局部沉积油渍污渍。

（4）明间原大门无存，后期采用简易拼装木门替代增补，构造松脱，饰面脱漆；后檐屏门挡中及槛框无存，上部原挂落缺失，后期随意配置；木构、石构后期局部拆除，多次用色调不一的油饰翻新，表面积尘。

（5）石构磨蚀、风化，油渍污渍污染普遍。

（6）青云巷面墙灰塑、双落水瓦面与脊饰仅存残部。内墙面后期大面积镶贴墙砖瓷片。

（7）厢廊地面垫高，铺筑水泥面层，檐部增设天沟，加装落水管。

（8）天井外围砌筑围基改作鱼池，增置前后跨越天井的木桥连接祠门和后堂，对原状改变较大。

2. 后堂

（1）墙体多次局部被开凿门窗洞口或被封堵，内外墙面存在大面积涂刷灰浆、镶贴瓷片、灰浆抹面扫白和涂刷清漆现象，局部有油渍污染。

（2）室内加装电气设备，布设随意。

（3）木构被用色调不一的油漆多次翻新，风化剥蚀，表面积尘，石构裸露，存在磨蚀、风化现象，有油渍污渍。

（4）明间落地花罩仅存石垫，屏门、槛框、上部挂落无存。

（5）屋面渗漏，有水渍污渍，瓦当缺失，瓦面辘筒灰风化剥蚀严重，垂脊残缺，灰塑风化、剥蚀。

（6）台阶石构基本完好，天井下部掩埋，室内地面被铺筑水泥面层。

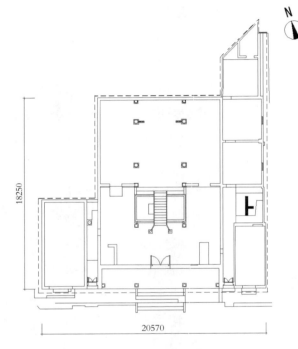

图4-196　唐家玉我唐公祠平面图

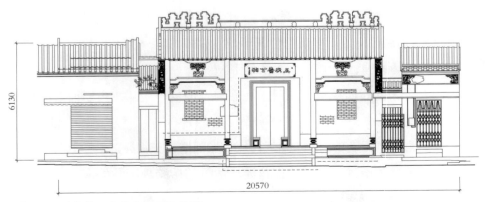

图4-197　唐家玉我唐公祠正立面图

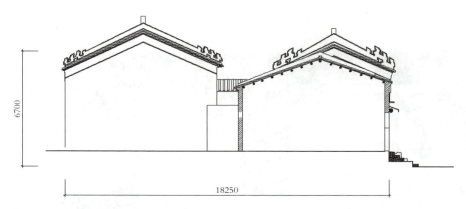

图4-198 唐家玉我唐公祠剖面图

（7）壁画表面涂刷灰水，被人为铲除。

（8）后堂背后垃圾堆积，杂草丛生。周边村居建设，"空隙"俨然成为天然蓄水池，雨水污水积存，常年平均深度约0.5至0.8米，渗透墙体进入室内。与此同时，由于存在高差，山体压力使水穿透挡土墙和后檐墙，不断渗入室内，导致室内长期潮湿，造成墙体内外干湿变化明显，砖砌体内水溶盐析出，瓦解砌块，加剧风化酥碱。

（二）工程主要内容

1. 拆除屋面、临时雨棚、天沟、雨水管、金属构架、瓷砖墙面、排水天沟、落水管、电气管线、鱼池、木桥、后砌墙体、后期封堵洞口，铲除后期铺设水泥地面。

2. 屋面揭铺，增补缺失瓦件，替换残损檩条、桷板等木构件，安装的木件实施防腐、防蛀处理，翻新油饰，修复剥蚀脊饰，清理残损灰塑。

3. 恢复原大阶砖地

图4-199 唐家玉我唐公祠维修前外观

图4-200　唐家玉我唐公祠维修后外观

面、条石地面。

　　4. 修复剥蚀残损墙面，清洁墙面油污、油漆、污渍、污垢，清除涂刷灰浆、灰浆抹面扫白、涂刷清漆，恢复室内原清水青砖墙面；修复墙基外围排水沟渠、管渠。

　　5. 复原明间大门、明间落地花

图4-201　唐家玉我唐公祠维修前内部

图4-202　唐家玉我唐公祠维修后内部

图4-203　唐家玉我
唐公祠虾公梁

罩、屏门、槛框、后檐屏门挡中及槛框、上部挂落，更换霉蛀木构件。

6. 清洁壁画表面灰尘、污垢。

7. 进行白蚁防治及油漆翻修。

8. 对后堂背后挡土墙及上部平台，实施综合环境整治，增设挡土墙、溢水管，对后檐墙、右山墙墙基，增设止水带，清理垃圾杂物、疏通排水沟渠。

三、活化利用计划

为实施文化惠民工程，珠海高新区在启动玉我唐公祠修缮的同时，委托"无用"品牌创始人、著名设计师马可女士开展文物活化利用工作，计划设立"无用"手工纺织传习馆，于2021年春节前向公众免费开放。

第二十三节
唐家寿山祠

唐家寿山祠是唐家梁姓祠堂之一，于2011年11月被公布为珠海高新区不可移动文物，2012年7月公布为珠海市不可移动文物。

一、寿山祠简介

唐家寿山祠位于珠海市唐家湾镇唐乐社区佩玉街，建于清代，坐西北向东南。面阔三间，二进二廊夹一天井，总面宽9.68米，总进深22.42米，总建筑面积约217.03平方米。抬梁与穿斗混合木构架，硬山顶，灰瓦面，青砖墙，蓝琉璃瓦当，博古脊，石门框，有精美的木雕和石雕。寿山祠、月奇祠、步九祠三祠并列，与梁氏大宗祠一起形成建筑规模较大的梁氏祠堂群。

1993年至2009年间，祠堂曾用作工厂厂房。2009年，工厂搬离后，祠

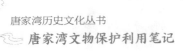

堂处于空置状态。

二、维修保护

2019年，珠海高新区启动寿山祠修缮工程，建设单位为珠海高新区（唐家湾镇）文化中心，设计单位为广州汉尔建筑设计有限公司，施工单位为潮州建设安装总公司，监理单位为珠海市建设工程监理有限公司，2020年1月2日开工，2020年6月30日竣工。

（一）维修前损毁情况

1. 屋面

（1）东廊庑屋面后加阶砖屋脊。廊庑屋面生长杂草，檐口蓝琉璃瓦当后抹白灰水、破损，屋面瓦件破损，压檐脊面层风化，草筋灰、纸筋灰脱落。

（2）二进正脊面层风化，草筋灰、纸筋灰脱落，受污严重，垂脊表面受污、风化；屋面瓦件破损，辘筒砂浆开裂，部分砂浆脱落，大部分瓦件破裂、下滑，屋面漏水。

（3）前檐口蓝琉璃瓦当大面积缺失，局部后抹白灰水，檐口瓦件下滑严重，局部坍塌；后檐口瓦筒断裂、下滑严重，蓝琉璃瓦当局部缺失，瓦件局部破裂。

2. 屋架

（1）一进前廊与后檐梁架，由于屋面漏水，部分檩条、桷板均有渗水情况；大部分檩条、桷板破损、糟朽、开裂、油漆脱落；明间梁架因年久失修，长时间与潮湿空气接触，表面油漆脱落，瓜柱梁架因渗水，油漆脱落严重，表面泛白；前檐飞橼、封檐板缺失，前廊花架梁下两对木雀替缺失；后檐口飞橼局部破损、掉漆，封檐板缺失。

（2）二进前轩廊部分檩条、桷板均有渗水情况，局部油漆脱落；前檐口飞橼局部破损、掉漆，部分缺失。

3. 墙体

（1）一进前廊墙体下部表面被白灰水覆盖，上部因缺乏清理维护而大面积发黄，表面有污损。前檐砖雕墀头位置后加电线，线码钉在墙上，对墙体产生破坏。室内多处后加墙体，隔开多个房间，墙体表面被后刷白灰水覆盖，部分墙体后开窗洞，有部分窗洞洞口被杂砖封堵；由于屋面渗水，雨水渗到墙面，部分墙面污损，部分白灰水脱落；东西内墙墙顶博风带亦因屋顶渗水而剥落。室内局部位置曾加建木阁楼，以檩条支承，后木阁楼和檩条被拆除，在墙上残留洞口。

（2）天井与两廊庑间增加墙体，分隔空间；墙体表面被后刷白灰水覆盖，墙体局部后开窗洞，并加建铁窗；由于屋面渗水，雨水渗到墙面，部分墙面污损，部分白灰水脱落。

（3）二进墙体表面大面积被白灰水覆盖，部分墙体后开窗洞，有部分窗洞用杂砖封堵洞口；由于屋面渗水，雨水渗到墙面，部分墙面污损，部分白灰水脱落；东西内墙墙顶博风带亦因屋顶渗水而剥落。

（4）西外墙青砖墙表面覆盖的石灰砂浆抹灰局部脱落，暴露青砖墙。西侧墙局部后加铁架，钉在侧墙上。一进与二进山墙博风带破损严重，面层风化，灰塑图案严重脱落，模糊不清。

（5）由于后期利用东外墙外侧巷子改建成多个卫生间，东外墙多处后开门洞通往厕所，破坏建筑墙体，墙体受潮、污损。

4. 地面

（1）室外麻石台阶因年久失修，长时间日晒雨淋，台阶底部砂浆流失严重，导致台阶开裂、下陷。

（2）一进室内黏土大阶砖地面大面积受潮、污损，部分阶砖破损、开裂严重；二进室内大阶砖地面大部分被泥土、杂物覆盖，阶砖破损严重，且风化、开裂。局部后增加厕所，地面被抬高。

（3）一进前廊麻石地面有污迹，石缝间生长青苔，部分麻石地面后加水泥砂浆；天井麻石地面堆放大量杂物，杂草丛生，根系发达，严重破坏建筑。

（4）两廊庑斜铺的黏土大阶砖地面由于气候潮湿，大阶砖地面受潮严重，发霉污损。

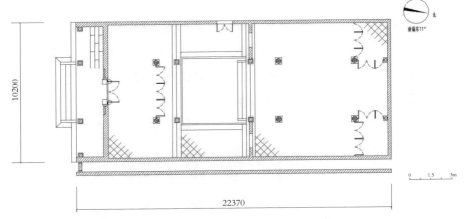

图4-205　唐家寿山祠平面图

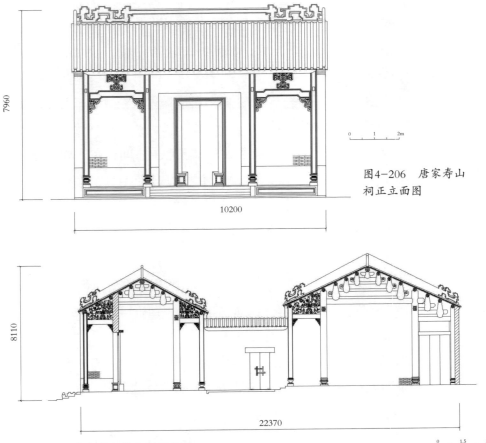

图4-206　唐家寿山
祠正立面图

图4-207　唐家寿山梁公祠剖面图

图4-208 唐家寿山祠维修前外观　　图4-209 唐家寿山祠维修后外观

5．其他

大门破损、掉漆，多处木屏门、门扇缺失，垃圾、落叶堵塞天井排水沟。

（二）工程主要内容

1．拆除祠堂所有后加建砖墙、卫生间、电线砝码，铲除

图4-210 唐家寿山祠维修前内部

图4-211 唐家寿山祠维修后内部

图4-213　唐家寿山祠维修后屏门

图4-212　唐家寿山祠挑头石雕

水泥砂浆地面。

2. 揭瓦重铺全部屋面，恢复廊庑屋面，补配、复原所有缺失蓝琉璃瓦当、飞椽、封檐板，修补、更换严重糟朽、开裂的檩条、桷板，根据残存正脊、垂脊样式用青砖、草筋灰、纸筋灰和灰浆修复残损正脊和垂脊。

3. 修复所有破损墙体，清洗所有墙面后加的白灰水以及污迹，恢复清水青砖墙。

4. 清理室内地面所有杂物、垃圾，清洗地面淤泥，恢复一进、廊庑、二进所有大阶砖地面、条石地面。

5. 修复一进大门，新造所有缺失木屏门、门扇。

6. 所有木件作防虫、防腐、防白蚁及油漆处理。

7. 疏通室内外全部排水沟。

第二十四节

上栅卢公祠

上栅卢公祠即上栅卢氏大宗祠，堂号"德名堂"，又称"蚝壳祠"，于2011年11月被公布为珠海高新区不可移动文物，2012年7月被公布为珠海市不可移动文物。

一、卢公祠简介

上栅卢公祠位于珠海市唐家湾镇上栅社区蚝壳祠巷15号，始建于清康熙四十一年（1702），清雍正、乾隆年间曾经维修。坐西南向东北，面阔三间，原三进夹两天井，前座毁于1964年风灾后仅存两进夹一天井。总面宽10.58米，总进深22.44米，建筑面积约237.42平方米。穿斗抬梁混合结构。硬山顶，灰瓦面。四周墙体均为蚝壳混三合土堆砌，厚0.66米。该祠在1926年大革命时期，曾是中山县六区上栅农民协会和农民自卫军部址；1939年，在此成立中共上栅党支部。该祠是研究珠海地区祠堂文化及近代革命史的重要实物资料。

祠堂在改革开放后租给村民做厂房，后因残破，一直闲置10余年。

二、维修保护

2020年，珠海高新区启动上栅卢公祠修缮工程，建设单位为珠海高新区（唐家湾镇）文化中心，设计单位为潮州市建筑设计院，施工单位为广东五华一建工程有限公司，监理单位为珠海市建设工程监理有限公司，2020年1月2日开工，2020年6月30日竣工。

（一）维修前损毁情况

1. 结构安全

上栅卢公祠历史久远，经历风雨侵蚀，出现不同程度的自然损坏，建筑二进正面墙体及檐柱向东面倾斜，右侧山墙向南面倾斜，后墙向西面倾斜；二进、三进金柱及梁架均不同程度地向南面倾斜，受倾斜影响，部分梁架松动、脱榫，已严重影响建筑结构安全。

2. 地面

（1）二进为水泥砂浆地面，后人铺设，地面堆积垃圾杂物；三进为原有三合土地面，地面保存较好，表面发霉、长青苔。

（2）连廊为原有三合土地面，地面堆积垃圾、杂物。

（3）天井为原有三合土地面，天井长有多棵乔木，地面堆积枯枝烂叶；三进台阶地面局部下沉，条石台阶松动，地面起伏不平。

3. 墙体

（1）二进左右次间墙体整体往前倾斜，面层油漆砖线风化；明间为后砌青砖墙，墙面后开门洞。

（2）三进蚝壳混三合土砌筑的后墙墙体整体往后倾斜，外墙批荡部分表面发霉、长青苔。

（3）左右两侧蚝壳混三合土砌筑的山墙局部缺损，后人用水泥砂浆或红砖修补，外墙批荡

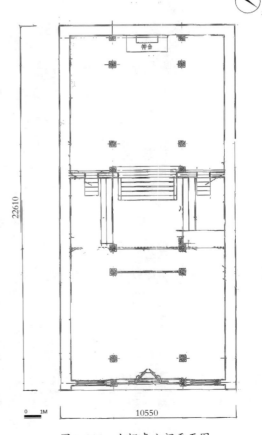

图4-214 上栅卢公祠平面图

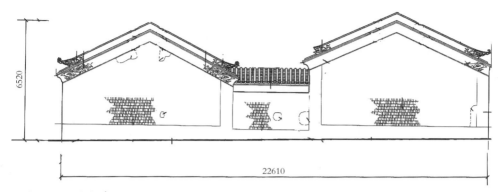

图4-215 上栅卢公祠侧立面图

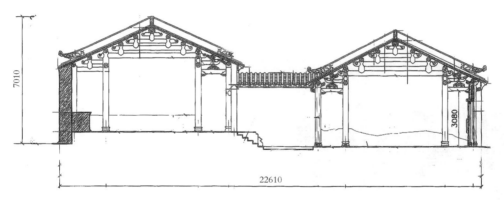

图2-216 上栅卢公祠剖面图

部分表面发霉、长青苔。

（4）二进前檐及后檐石柱内侧面层粉刷灰浆，后檐后加建红砖墙。

（5）二进内墙面历年多次粉刷，墙面发霉、长青苔，墙裙批荡局部破损空鼓。

（6）连廊墙面发霉、长青苔。

4. 屋面

（1）二进屋面漏雨，瓦片下滑，筒路断裂，筒路裹灰部分风化，蠔灰流失，正脊两侧屋面板瓦为后人修补，檐口勾头瓦大部分缺损。

（2）右连廊屋面坍塌，后人加盖锌铁皮；左连廊为传统辘筒瓦屋面，屋面漏雨，瓦片下滑，筒路断裂，筒路裹灰部分风化，蠔灰流失，整体结构下坠，将面临坍塌，天井内长有多棵乔木；对连廊屋面结构造成了一定的破坏。

（3）三进保留传统辘筒瓦屋面，使用红泥板瓦、瓦筒，屋面漏水，瓦片下滑，筒路断裂，筒路裹灰部分风化，蠔灰流失，正脊二侧屋面板瓦为后人修补，檐口勾头瓦大部分缺损。

5. 木构件及装饰

（1）二进、三进因屋面漏水，桁条、桷板霉烂，部分被白蚁蛀蚀，桁条内部蛀空，木构件油漆陈旧、老化。

（2）二进前、后檐的木雕斗拱梁部分木雕雀替缺失；左中跨梁架弯曲、变形，用木方支撑加固；右梁架整体倾斜，梁架松动、脱榫，右后金柱被白蚁蛀蚀。

（3）左连廊桁条、桷板霉烂，部分被白蚁蛀蚀，桁条被内部蛀空，屋面整体结构下坠，面临坍塌，木构件油漆陈旧、老化。

图4-217 上栅卢公祠维修前俯瞰图

图4-218 上栅卢公祠维修后俯瞰图

（4）三进右梁架整体倾斜，梁架松动、脱榫，部分木雕雀替缺失，右梁架底梁被白蚁蛀蚀；木构件油漆陈旧、老化。

（5）二进屏门缺失，仅存花岗岩石地栿及攀间梁。

（6）部分木雕封檐板破损，局部残缺。

6. 脊饰、灰塑

（1）二进龙船正脊局部残缺，灰塑草龙及灰塑线条风化、破损。

（2）三进正脊缺失，现存平脊为后人重做。

（3）二进垂脊残缺，灰塑草龙及灰塑线条风化、破损；山墙灰塑草龙及灰塑线条风化破损。

图4-219 上栅卢公祠维修前正面

图4-220 上栅卢公祠维修后正面

图4-221 上栅卢公祠维修前侧面

图4-222 上栅卢公祠维修后侧面

（4）三进垂脊残缺，灰塑草龙及灰塑线条风化、破损；山墙灰塑草龙及灰塑线条风化、破损。

（二）工程主要内容

1. 拆除正面明间、二进后檐后加红砖墙体；拆除右侧、后面后加建的卫生间、墙体等。

2. 清理地面垃圾杂物，重铺调平三进前檐条形麻石台阶、鼓石。

3. 对右侧山墙、三进后墙的倾斜墙体进行整体扶正加固。

图4-223　上栅卢公祠维修前三进

图4-224　上栅卢公祠维修后三进

图4-225　上栅卢公祠维修后二进

4. 修复残损蚝壳墙，修补、复原内外墙面批灰层。

5. 修复加固二进左梁架，更换底载梁及二载梁；修复加固三进中跨梁架，更换底载梁。

6. 更换屋面霉烂的桁条、桷板、飞橼，复原缺失木雕封檐板。

7. 整座屋面揭顶重铺，补配缺损瓦件，重做、复原辘筒瓦屋面。

8. 重做二进正面双开木板门，重做木门框、门槛。

9. 采用传统工艺修复正脊、垂脊及灰塑，修复山墙灰塑草龙。

10. 所有木构件均作防虫、防腐、防白蚁及油漆保护处理。

11. 疏通内外排水。

图4-226　上栅卢公祠八角柱

图4-227　上栅卢公祠蚝壳墙

图4-228　上栅卢公祠龙船脊

唐家巨川唐公祠

唐家巨川唐公祠是纪念唐家唐氏第二十世祖唐巨川的祠堂，于2011年11月被公布为珠海高新区不可移动文物，2012年7月被公布为珠海市不可移动文物，2018年2月被公布为珠海市文物保护单位，与广达唐公祠、菊庄唐公祠、宪尧唐公祠、玉我唐公祠组成唐家广达房唐氏祠堂群。

一、祠堂简介

巨川唐公祠位于珠海市唐家湾镇唐家社区山房路，是祭祀唐绍仪父亲唐巨川的祠堂，建于清末，坐西北向东南。由主座和右厢房组成，总面宽13.56米，总进深22.56米，建筑面积约305.91平方米。中路面阔三间，两进两廊夹一天井。砖木石结构，硬山顶，灰瓦面，蓝琉璃勾头滴水，灰塑博古屋脊。室内白泥大阶砖铺地，麻石条石收边，天井麻石条石铺地。麻石墙裙，青砖墙。瓜柱抬梁，凹肚式门楼，麻石虾公梁，雕版承檩，砖雕墀头。木雀替、梁头均带有精美雕刻。青砖墙体内檐下部绘有壁画。整座祠堂具有传统广府祠堂建筑风格，对研究清代珠海地区祠堂文化和唐绍仪家族史具有重要参考价值。

祠堂从中华人民共和国成立至80年代初曾作为糖烟酒公司批发部，改革开放后曾用作工厂厂房。2002年，归属于珠海市公产房管理中心管理，长期出租作为工厂、古董店、培训中心、文化交流场所等，历经多次改建改造。2016年，随市管公产房移交高新区；2018年，由珠海高新区建设局委托珠海高新建设投资有限公司接收管理。

二、维修保护

2019年，珠海高新区启动巨川唐公祠修缮工程，建设单位为珠海高新区（唐家湾镇）文化中心，设计单位为广州匠舍建筑设计咨询有限公司，施工单位为广东五华一建工程有限公司，监理单位为珠海市建设工程监理有限公司，2020年5月6日开工，2020年10月13日竣工。

（一）维修前损毁情况

1. 前庭院后加建厕所，前庭院和厢房天井地面被抬高，均被改为水泥砂浆地面，侧廊地面被用水泥砂浆修补，一进、侧廊墙体后开门洞、窗洞并加建木窗，部分门窗洞口被用与原砌筑不同的方式封堵，天井、厢房加建屋面，侧廊被改成单坡屋面。

2. 屋面裹灰开裂，瓦片下滑、缺失，勾头、滴水缺失，屋面漏水，桷板、檩条糟朽，封檐板缺失，墀头残缺，正脊、垂脊残缺。

3. 左山墙部分青砖风化，麻石角柱石周边墙体开裂，后墙倾斜，阁楼檩条洞口被封堵，阁楼缺失，墙体表面布满电线、长有植物，外墙表面发霉发黑，墙角滋生青苔、发黑，山墙灰塑风化缺失，其余灰塑风化脱落。

4. 室内大阶砖断裂严重。

5. 头门大门门槛板、一进心间、次间隔扇门门扇、框

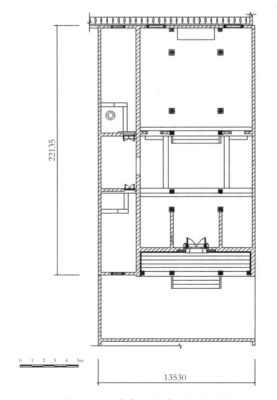

图4-229 唐家巨川唐公祠平面图

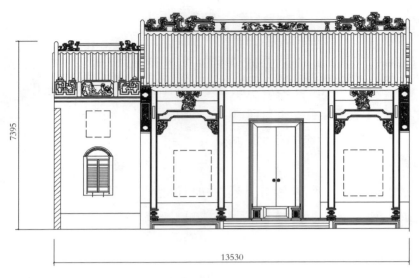

图4-230　唐家巨川唐公祠正立面图

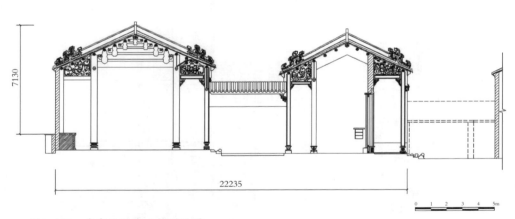

图4-231　唐家巨川唐公祠剖面图

架和二进木窗扇均缺失，厢房木门、窗扇、麻石边框缺失且部分窗扇被
改造。

　　6. 柱子、梁架表面积尘，雀替、一进前檐麻石梁头、虾公梁上麻石驼
峰缺失，壁画褪色、被白灰覆盖、发霉，二进神台缺失。

图4-232 唐家巨川唐公祠维修前

图4-233 唐家巨川唐公祠维修后

（二）工程主要内容

　　1. 拆除建筑前侧后期加建厕所，左侧围墙、厢房、天井、侧廊后加建屋面，铲除水泥地面，封堵后开门洞、窗洞。

图4-235　唐家巨川唐公祠维修后内部

图4-234　唐家巨川唐公祠维修前内部

2. 复原卷棚屋面，揭顶重铺屋面，复原勾头、滴水，修补、更换复原缺失的檩条、桷板、飞椽，新换的檩条、桷板、飞椽刷三遍熟桐油保护，参考周边祠堂样式做法复原缺失正脊、垂脊及脊饰。

3. 用与原墙体砌筑样式一致的石灰砂浆砌筑封堵洞口，对二进左山墙角部植物根系进行清除，重砌麻石角柱石，固定纠偏二进后倾墙体，清除、清洗墙体表面青苔，修复风化墙面，恢复清水青砖墙体。

4. 除二进室内大阶砖只作清洗外，其他部位用对缝斜铺的方式重铺大

图4-236 唐家巨川唐公祠虾公梁

阶砖地面，复原缺失的麻石条石，降低天井地面标高，重新铺砌麻石条石，同时疏通天井排水暗沟，设置排水渠。

5. 按现存檩条榫口痕迹复原缺失阁楼，复原缺失门限板及其构

图4-237 唐家巨川
唐公祠挑头石雕

件并重刷油漆，复原厢房缺失的双扇木板门，按现存麻石边框复原木窗及窗扇和构件，清理壁画表面灰尘，重新制作外山墙灰塑，复原二进横批窗、雀替、麻石梁头、麻石驼峰、墀头、封檐板、二进神台。

6. 清洗麻石柱础、柱子表面污渍，木柱进行防虫防蚁处理后，刷三遍熟桐油进行保护。

【 第 五 章 】

庙 宇

官塘乡主庙

官塘乡主庙是官塘村的祖庙，于2018年2月10日被公布为珠海市文物保护单位。

一、官塘乡主庙简介

官塘乡主庙位于珠海市唐家湾镇官塘社区上埔北一巷4号，又称圣堂庙、城隍庙、康公庙，建于清咸丰三年（1853），坐北向南。总面阔7.49米，总进深17.53米，建筑面积约131.30平方米。乡主庙面阔三间，两进两廊夹一天井。硬山顶，青砖墙，灰瓦面，穿斗与抬梁混合木构架。庙宇石门框两侧有阳刻藏头联一对"乡都戴德威灵显，主宰当权果报彰"。庙内现存石碑3块，记录乡主庙建庙和重修的有关情况。乡主庙颇具广府传统建筑的特色，其麻石入口大门框两侧对联下端呈托举动作的洋人大力士浮雕尤具历史文化价值。

乡主庙在20世纪六七十年代前主要为村民民俗活动中心。20世纪六七十年代遭受破坏，并归为生产大队作仓库使用，现由官塘社区居委会管理使用。

二、维修保护

2015年，珠海高新区启动官塘乡主庙修缮工程，建设单位为珠海高新区社会发展局，设计单位为珠海思成建筑设计有限公司，施工单位为广东五华一建工程有限公司，监理单位为珠海市建设工程监理有限公司，2016年2月20日开工，2016年4月20日竣工。

（一）维修前损毁情况

1. 庙前铺地地面凹凸不平，麻石边角位置磨损、部分麻石出现开裂、断裂现象，右侧麻石石缝滋生杂草、苔藓。头门前檐两侧带有抱鼓形制垂带局部有磨损，心间铺地改动较大，大阶砖碎裂、风化严重，部分麻石开裂，台基局部已破损，铺地有开裂。

2. 二进前檐后期加砌青砖墙，左侧山墙神龛后改成门洞后又封堵，左侧廊内镶嵌的三块石碑大面积风化，墙体与梁架底梁交接处出现裂缝，墙体局部开裂，山墙批荡部位残留水渍、滋生苔藓，墙体局部发黑、污损、风化，被刷白灰水和水泥批荡，被开窗洞。

3. 二进屋面下垂，瓦片随时有脱落危险，左次间屋面局部坍塌，左、右侧廊原屋面被改，左侧廊已坍塌大半，檐口破损，桷板霉烂，檩条开裂，飞椽缺失，正脊、垂脊面层裹灰、灰塑破损，封檐板缺失。

4. 一进屏风门已毁，残留门下槛、木枋和横披窗。

5. 梁架表面灰尘密布，部分木构件出现歪闪现象，木雀替、侧廊梁架缺失。

6. 灰塑底灰基本已脱落，白灰批荡完全覆盖彩画，一进左侧内山墙神龛缺失。

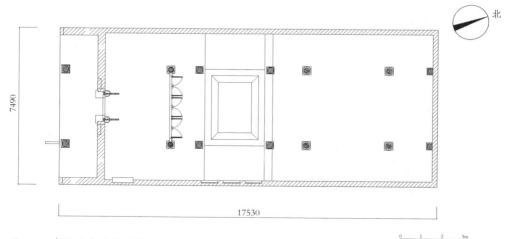

图5-1　官塘乡主庙平面图

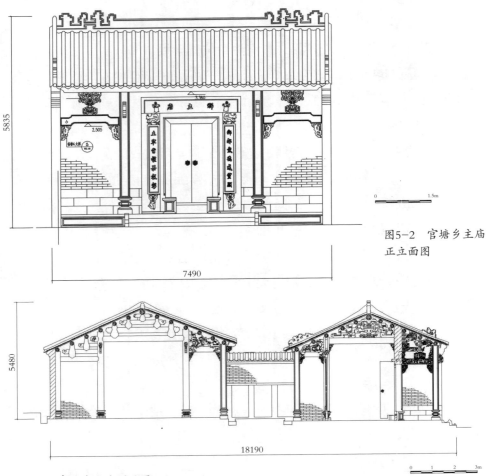

图5-2　官塘乡主庙
正立面图

图5-3　官塘乡主庙剖面图

（二）工程主要内容

1. 清理塌陷、碎裂大阶砖，夯实基层，修补断裂条石地面，复原大阶砖地面。

2. 铲除墙体抹灰，扫除清洗表面浮尘，用同规格青砖按原墙砌法砌筑崩缺残损、后封砌部分，拆除后期砌筑砖墙，修复开裂的砖墙。

3. 按原形制复原侧廊卷棚屋面，揭顶重铺，更换破损瓦片、勾头、滴水，修复开裂的檩条，重新制作安装缺失及糟朽的桷板、飞椽，所有檩条均喷两遍防蚁药，上黑色油漆，刷两遍熟桐油。修复正、垂脊的灰塑，复原缺

图5-4　官塘乡主庙维修前

图5-5　官塘乡主庙维修后

失的封檐板。

4. 复原一进入口门，去除铁制门闩并复原铺首，按原形制复原一进隔扇门，清除横披窗表面的灰尘。

5. 复原侧廊梁架，修复开裂脱榫梁架，清除梁架面层灰尘、杂物等。清洗柱子，修复柱子裂缝并刷两遍熟桐油。

6. 根据现存卷草纹灰塑博风修复灰塑，清洗彩画白灰，疏通庙地面暗沟和周围明沟，清理建筑外围的杂物，所有木制品作白蚁防治处理。

图5-6　官塘乡主庙维修前内部

图5-7　官塘乡主庙维修后内部

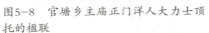

图5-8　官塘乡主庙正门洋人大力士顶　　图5-9　官塘乡主庙木雕
托的楹联

三、活化利用

在全面修复基础上，高新区于乡主庙内设立官塘村史馆。村史馆从官塘由来、地理环境、文化遗存、官塘名人、官塘今朝、官塘展望六方面全面介绍官塘村，将乡主庙活化利用为展示官塘社区历史文化和对外文化交流的窗口。

第二节

唐家三庙

唐家三庙是珠海地区现存规模最大、历史最久的庙宇，也是罕见地将佛、道、地方神三教合一的民间信仰场所，于2010年5月被公布为广东省文物保护单位。

一、三庙简介

唐家三庙位于珠海市唐家湾镇唐乐社区大同路尾段，始建年代不详。其由圣堂庙、文武帝殿、金花庙组成，故称"唐家三庙"。坐西北向东南，青砖瓦顶，抬梁与穿斗混合木构架。总面宽32.72米，总进深29.6米，总占地面积约1500平方米。屋顶有佛光、舍利、山花、飞龙、鳌鱼等陶塑；屋檐下有精巧的樟木浮雕花板；墙壁上有精美的人物、山水立体彩色灰塑；内扉有传神的立体灰批人物山水壁画、粉彩国画和古雅的诗词书法；庙门及两侧有大面积花岗岩石平台、木雕斗拱，水磨青砖门面墙、石柱、石横梁、立体镂空砖雕。三庙汇聚的岭南建筑精华元素：三雕（石雕、木雕、砖雕）、两塑（陶塑、灰塑）、一彩（彩绘），和谐结合，自成一格，建筑艺术极高。庙内留存的嘉庆九年（1804）、道光七年（1827）、同治二年（1863）的三次"重修三庙碑"，咸丰四年（1854）"重修唐家围墙碑"以及光绪十二年（1886）"唐家团练公产红呈碑"等7块重要清代碑刻，从不同方面记述了晚清唐家的社会面貌和组织地方武装团练经过，为研究清代唐家地方历史提供重要原始资料。

圣堂庙、文武帝殿、金花庙之间以水巷分隔、甬门相通，门前有平台与三庙并长，高出地面约1米，设有矮墙，长13.5米。

右路为圣堂庙（俗称"唐家祖庙"），为二进，内辟天井，中设香亭。正殿为歇山顶，门厅为硬山顶。石门额阳刻"圣堂庙"，石门联阳刻"宗门大启，法界宏施"。庙内佛堂正中安置释迦牟尼佛像，两旁排列金身十八罗汉正护尊者。

中路为文武帝殿，三进夹两天井，每进中间为五架梁上矮瓜柱承檩，前后间梁上雕板承檩，均为硬山顶。石门额阳刻"文武帝殿"，石门联阳刻"七星高耀，两圣齐尊"，由清道光年间香山人曾望颜（进士，曾任陕西巡抚、四川总督）所书。正殿设文昌帝和关圣帝及"奎星"、伏马将军和赤兔马。

左路为金花庙，始建于清乾隆四十年（1775）。两进，硬山顶。石门额阳刻"金花庙"，石门联阳刻"恩培赤子，惠普苍生"，为清咸丰年间唐家文人唐步瀛（增贡生）所书。金花庙原香亭已圮，现香亭为后人重修，香亭柱上题楹联"草号宜男堦苗绿，榴多结子槛垂红"。正殿置金花夫人，两侧各排列九位众生相的十八奶娘女性神祇和各五位舞龙、醒狮的童子，为香客求子祈福的神庙。

唐家三庙于清乾隆四十年（1775）、嘉庆九年（1804）、道光七年（1827）、同治二年（1863）及1993年作过重大维修。其中同治二年的维修规模最大，将原乱石、蚝壳、三合土的建筑物改建成砖瓦木石结构；1993年的维修重修金花庙香亭。

清同治二年（1863），三庙后面曾建有一间处理村内事务的公约。以庙产收入长年赠医施药，发放寒衣，料理孤寡老人的后事并向老人家赠送年关肉食，此外还支出学堂经费等为乡人谋福利。直至乡政权成立，才逐渐失去其社会作用。唐家三庙也是民间艺术和体育活动的中心。过去每逢农历二月初二"土地诞"，村民在庙前的广场举行"抢花炮"、舞龙舞狮等群众性活动。

唐家三庙具有深厚的历史文化内涵和极高的建筑艺术价值，是研究珠海地方史、宗教史、民俗史的珍贵实体资料，也是承载唐家湾地区海内外乡亲乡情乡思的标志物。

图5-10　2008年的唐家三庙

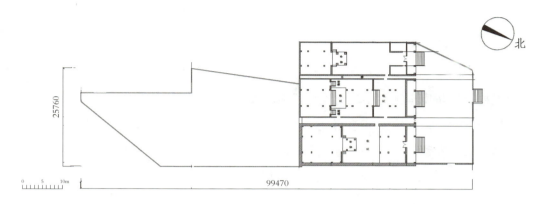

25760

99470

0 5 10m

图5-11 唐家三庙整体布局平面图

北

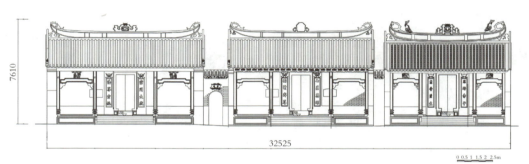

7610

32525

0 0.5 1 1.5 2 2.5m

图5-12 唐家三庙立面图

图5-13 唐家三庙圣堂庙碑刻

图5-14 唐家三庙文武帝殿碑刻

271

二、维修保护

2012年，珠海高新区启动唐家三庙全面维修工作，由珠海高新区社会发展局委托华南理工大学建筑设计研究院和华南理工大学建筑文化遗产保护设计研究所，对唐家三庙进行现场勘查和实地测绘。2013年7月，《唐家三庙修缮工程勘察设计方案》通过评审，获广东省文物局批准立项。2015年，唐家三庙修缮工程列入珠海高新区政府投资项目。2016年2月25日，唐家三庙修缮工程正式开工，工程建设单位为珠海高新区社会发展局，施工单位为潮州市建筑安装总公司，监理单位为珠海市建设工程监理有限公司，2016年10月16日竣工。

（一）维修前损毁情况

1. 年久失修造成结构隐患，如圣堂庙正殿墙体歪闪倾斜严重，金花庙屋面正脊歪斜等。

2. 屋顶辘筒瓦屋面辘筒断脱下滑，局部残损渗漏；屋面檩条、桷板、飞椽糟朽霉烂、虫蛀，部分檐口板严重霉烂、缺失；部分正脊、垂脊被破坏、缺失。

3. 墙体被开门洞、清水青砖墙被开窗洞，围墙被拆除；室内外青砖墙身被灰水覆盖、局部破损；后人加建墙体及其他设施。

4. 天井被后改建为水泥砂浆地面，局部天井石地面缺失；局部红阶砖地面残破。

5. 部分木门窗、花格窗破损，部分木门窗、木雕封檐板、屏门、花格窗缺失；木构件油漆老化脱落。

6. 墙身彩画部分被灰浆覆盖；墙头灰塑部分风化、缺失、破损。

（二）工程主要内容

1. 圣堂庙

（1）拆除工程

拆除正门内严重碎裂大阶砖、庭院混凝土地面、正殿大阶砖地面。

（2）地面工程

修复大门门枕石，清洗正门外麻石台阶及正门内、香亭、正殿地面，铺设正门内、正殿内大阶砖地面，复原庭院灰砂地面。

（3）墙体工程

一是清洗山门隔墙墙体、外墙山墙墙体、围基。修补山门隔墙、山墙破损墙体以及庭院围墙破损墙体，批灰画缝。

二是重砌正殿隔墙琉璃花格窗及灰塑边框、正殿280毫米隔墙青砖墙。正殿山墙、后墙纠偏扶正并修补墙身其他位置，再做防水处理、重新批灰画缝。复原正殿左右歇山部位墙体90毫米厚青砖墙。

（4）梁架和柱工程

一是清洗山门前檐、正殿、香亭石柱础、石柱以及后檐八边石柱、石柱础，重做复原山门前檐两侧挑头石雕。

二是清洗山门、正殿金柱，清理旧油漆，打磨露出其木材原色；清洗金柱柱础（清理干净已染上的红油漆）。

三是清洗山门前、后梁架、香亭、正殿主梁架、正殿次梁架，清理旧油漆，打磨至露出其木材原色。

（5）屋面木结构及屋面工程（山门、香亭、正殿）

一是清洗堆放在屋面的旧瓦片及瓦筒，拆除、清洗、修补、更换严重蛀蚀、霉烂的桷板、飞椽、檩条，补配、定制同样式瓦片、瓦筒。

二是用传统工艺复原重盖山门、香

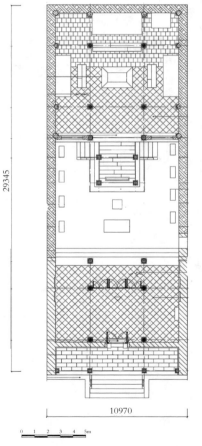

图5-15　圣堂庙平面图

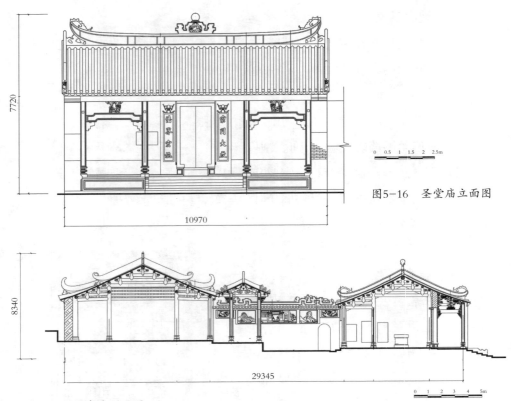

图5-16　圣堂庙立面图

图5-17　圣堂庙剖面图

亭和正殿屋面，补配、定制勾头、滴水瓦。

三是修复香亭木雀替，重做复原圣堂庙山门屏门两边木柱上部菠萝格木梁。

（6）灰塑、砖雕、彩画工程

一是提升、加固、归位、复原正殿正脊、垂脊、戗脊。按古制样式复原山门、正殿鳌鱼。修复山门、正殿宝瓶脊饰和前后两面灰塑，恢复缺失琉璃件。修复山门、香亭、正殿、天井院墙压顶脊、山门垂脊、香亭垂脊、正殿垂脊、正殿戗脊肚板、灰塑。

二是修复、复原墀头精美砖雕，修复砖雕部位被破坏的青砖墙体，修复、复原底层、中层、面层。

　　三是修复左、右围墙灰塑以及灰塑下的灰塑福鼠、山门外山墙贝灰边框线和框内乌烟罩面、山门左右山花灰塑、天井左右外墙贝灰边框线以及框内乌烟罩面、天井左右外墙山花灰塑、正殿山墙贝灰边框线以及框内乌烟罩面、正殿左右山花灰塑、正殿后墙外檐贝灰边框线以及框内乌烟罩面、正殿后墙外檐山花。

　　四是清理门堂前檐彩画灰浆层，清扫山门墙头彩画、正殿墙壁彩画。

　　（7）门窗、装饰工程

　　一是清洗、清理封檐板、入口大门、屏风门，露出其木材原色，清洗门面石雕额枋、对联。

图5-18　圣堂庙维修前外观

图5-19　圣堂庙维修后外观

图5-20　圣堂庙维修前内部

图5-21　圣堂庙维修后内部

二是重做、复原山门屏门上部菠萝格木花格窗边框、花格窗，补配复原屏门、下木门槛，复原正殿左右歇山顶山墙，内侧封杉木板。

三是更换、复原山门前檐明间严重霉烂木雕檐口板。

四是正殿后墙内外两面防水处理，重新批灰画缝。

（8）防腐、防白蚁及油漆工程

一是清除旧梁架表面老化油漆，露出其木材原色；所有旧木材及新添木

图5-22　圣堂庙维修前香亭

图5-23　圣堂庙维修后香亭

图5-24　圣堂庙维修前庭院山墙灰塑

图5-25　圣堂庙维修后庭院山墙灰塑

材均作防腐、防虫处理，除梁架外均刷桐油漆三遍、底漆一遍、面漆二遍；檩条洞口作防腐、防白蚁、防潮处理。

二是外露铁件均刷一遍红丹防锈漆和两遍黑色调和漆。

2.　文武帝庙

（1）拆除工程

一是拆除天井水泥砂浆地面、中堂连廊后加建砖柱、左右山墙及后墙后封堵砖墙、山门右山墙后填塞的檩条洞口、山门天井两边墙体面水泥砂浆、天井水泥砂浆抹灰红砖墙体。

二是铲除主座内地面碎裂大阶砖。

（2）地面工程

按原方式铺砌山门、正殿地面，复原天井旧条石地面。补缝、清理、清洗条石、台明、阶石、阶砖地面和天井地面。

（3）墙体工程

一是封堵山门左山墙面后开窗洞口及檩条洞口、中堂山墙面后开窗洞口、后堂山墙面及后墙后开窗洞口，清理外墙面，清理、清除、清洗山门正面青砖墙面后批腻子灰及灰色油漆、内墙面灰浆，铲除、清理山门天井墙面水泥砂浆，恢复清水砖墙面。

二是复原、重砌天井240毫米厚清水青砖墙。

三是用青砖在正殿后檐口与连廊相接处虾公梁上砌筑博风墙，连廊檩条伸入博风墙中。

四是剔除、拆除后建墙体及其他设施，重砌山门正立面青砖清水墙。

（4）梁架和柱工程

一是清洗山门、中堂、后堂石柱及柱础，打磨木柱面、清理老化油漆、清洗柱础。

二是打磨、清理山门前檐木雕博古梁架、后檐瓜柱抬梁梁架、中堂瓜柱抬梁梁架、后堂瓜柱抬梁梁架、攀间梁。

三是复原廊庑木雕博古梁架、山门前柱石雕挑头。

四是补配、复原山门前檐虾公梁上部石雕驼墩狮子及上部造型花托、山门左次间前檐虾公梁下部石雕雀替、山门后檐、中殿前檐石雕挑头。

（5）屋面木结构及屋面工程（山门、香亭、正殿）

一是拆除、分拣屋面旧瓦片及瓦筒，拆除严重蛀蚀霉烂的檩条、桷板、飞椽、檐口板、山门右次间栋梁。

二是加固山门右次间正脊顶升，更换栋桁后归位复原；清洗、修补、更换严重腐烂的桷板、飞椽、檩条、栋梁，修复檩条入墙处洞口，补配、定制瓦片、瓦筒、琉璃勾头、滴水，用传统工艺复原重盖屋面瓦片、瓦筒、贝灰砂浆和锚固件。

三是用传统工艺、材料制作复原中殿天井围墙压顶及两侧批水瓦。

（6）正脊、垂脊、脊饰工程

一是加固、扶正山门正脊，矫正、复位正脊（因更换右次间栋梁）；修复山门正脊肚板，重做复原灰塑彩画，拆除并按传统工艺重做复原山门左侧后做垂脊；修复山门右侧后坡原有垂脊，拆除前坡后做垂脊，按传统工艺重做复原垂脊。

二是加固、扶正、提升中堂正脊并矫正、复位（因栋梁下沉、移位）；修复中堂正脊肚板、灰塑、宝瓶，复原琉璃件；修复中堂左右垂脊，按传统工艺、材料复原、重做部分后做卷尾花。

三是修复后堂正脊破损部分、灰塑、宝瓶、原有垂脊，复原琉璃件；按古制样式复原山门、中堂、后堂正脊琉璃鳌鱼；拆除重做山门正脊、宝瓶。

（7）门窗、装饰工程

一是修复山门大门，补配门

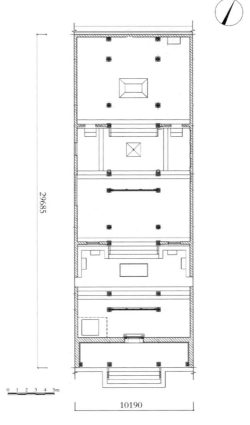

图5-26　文武帝殿平面图

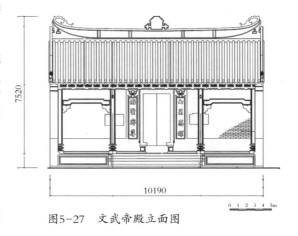

图5-27　文武帝殿立面图

279

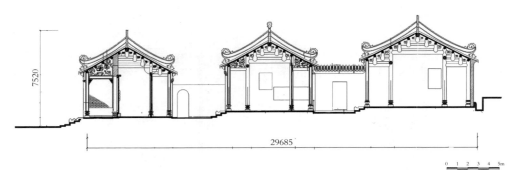

图5-28 文武帝殿剖面图

铺首，打磨、清理老化油漆；用优质杉木、传统工艺重做复原山门屏风门及其上格栅窗、中殿屏风门下木门槛、中堂山门屏风门及其上格栅窗。

二是复原山门、中堂、廊庑前檐、后檐木雕封檐板以及后堂前檐木雕封檐板；复原山门前檐左梁架下缺失木雕雀替；复原文武帝庙中殿前檐琉璃花窗，修补花窗洞口。

三是补配、复原、安装山门左前檐木雕雀替、入口大门菠萝格木门槛。

（8）灰塑、砖雕、彩画工程

一是修复山门前檐破损左、右墀头和缺失砖雕，清理山门门头墙面彩画面层的灰浆层。

二是清理、修复、复原山门、中堂、后堂墀头；清理、修复、复原外墙山花大幅草龙灰塑、廊庑山花博古草龙灰塑、后堂后檐大幅博古草龙灰塑。

三是清理、修复、加固外墙头草龙外边框线条及乌烟罩面、垂脊外飘线、后堂后檐口鹤狮线；复原廊庑后檐口鹤狮线、中殿天井围墙压顶两侧鹤狮线。

四是清理山门内墙面、中堂、廊庑、后堂墙面彩画面层的灰浆；清理中堂前檐墙顶彩画面层的灰尘、污物。

五是拆除中殿前檐琉璃花窗周边后做的水泥砂浆线条，复原青砖线条。

（9）防腐、防白蚁及油漆工程

一是清除旧梁架表面老化油漆，露出其木材原色；所有旧木材及新添木

图5-29　文武帝殿维修前外观

材均作防腐、防虫处理，均刷桐油漆三遍，底漆一遍，面漆二遍；檩条洞口作防腐、防白蚁、防潮处理。

　　二是复原山门前后檐、中堂前后檐、后堂前檐、廊庑木雕封檐板油漆彩画。

图5-30　文武帝殿维修后外观

图5-31 文武帝殿维修前内部

图5-32 文武帝殿维修后内部

图5-33 文武帝殿维修后一进

3. 金花庙

（1）拆除工程

拆除山门、正殿内地面严重碎裂大阶砖；拆除中天井砼地面、山门后加木板隔墙、山门后加砖柱、中天井左侧围墙外后加建筑物、天井水泥砂浆抹灰红砖墙体。

（2）地面工程

按原方式重新铺砌山门、正殿大阶砖地面。按原工艺、原材料复原庭院灰砂地面。清洗香亭、台阶麻石地面。

（3）墙体工程

一是拆除山门木板隔墙顶部的砖墙；修复山门正面墙体后开墙洞。

二是清洗墙面、用贝灰砂浆修补局部破损的山门山墙墙体、左侧庭院围墙；清除右侧庭院围墙抹灰层，保留现有砖墙，修复清水墙面。

三是用贝灰砂浆、青砖砌筑重做复原天井右侧围墙青砖墙体。

四是拆除正殿前檐琉璃花窗周边后做的水泥砂浆线条，按原造型、原材料、原工艺复原青砖线条。

五是剔除污染墙面的灰浆、编号，拆除青砖墙，再按原工艺、原材料重砌金花庙山门正立面青砖清水墙。

（4）梁架和柱工程

一是清洗山门前檐石柱础、石柱和正殿石柱础、石柱、水泥柱础表面污垢；重做复原山门前檐两侧挑头石雕。

二是清洗正殿金柱、柱础面层，清洗山门前梁架面层、正殿主梁架（含两侧步架）面层、正殿前后步梁架面层，清理旧油漆，用砂纸打磨露出其木材原色。

（5）屋面木结构及屋面工程

一是揭瓦重铺屋顶，添配修复旧瓦件；拆除、更换霉烂的檩条、桷板、飞椽，修补复原桷板、飞椽、檩条；檩条入墙处先刷沥青油进行防腐处理后安装进墙洞，再用贝灰砂浆进行填补，修补部位面层调同颜色；按原材料、原工艺做法复原重盖屋面瓦片、瓦筒，用贝灰砂浆、辘筒草根灰和锚固件修复瓦面；补配、定制、复原缺失屋面素瓦勾头。

二是右侧庭院围墙顶部补配原规格、材料接近的瓦片、瓦筒，定制勾头瓦，用传统工艺复原重盖右侧庭院围墙顶部瓦片、瓦筒。

三是修复加固山门正脊；更换、复原山门后檐严重霉烂木雕檐口板。

（6）灰塑、砖雕、彩画工程

一是修复山门、香亭、正殿以及左右两侧庭院围墙的压顶脊、肚板、灰塑；修复山门、正殿正脊顶部宝瓶装饰和垂脊肚板、灰塑。

二是修复复原墀头砖雕，拆除被破坏的砖雕，修复砖雕部位被破坏的青砖墙体，按传统广府风格、砖雕工艺和材料复原砖雕。

三是修复山门外山墙、山门背立面、正殿外山墙、正殿后墙外檐左右围墙的贝灰边框线及框内乌烟罩面及山花灰塑。

四是复原山门、正殿缺失鳌鱼及山门正脊缺失宝瓶上部。

五是清理门堂前檐、山门墙头、正殿前檐、正殿墙壁彩画灰浆层。

（7）门窗、额枋工程

一是清洗、清理入口大门，露出其木材原色；修复、加固山门、正殿花格窗，复原山门左右耳房木门框、木门扇，清洗门面石雕额枋、对联。

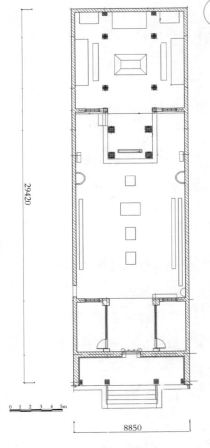

图5-34　金花庙平面图

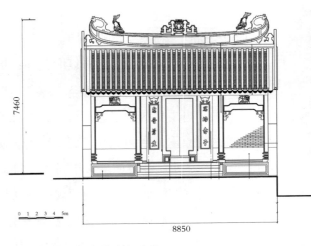

图5-35　金花庙立面图

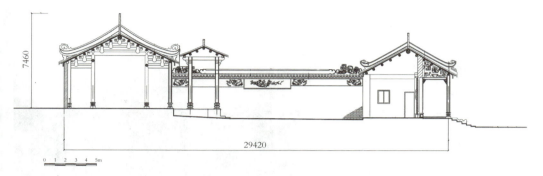

7460

29420

0 1 2 3 4 5m

图5-36　金花庙剖面图

二是拆除正殿前檐琉璃花窗及水泥边框，复原砖雕边框线，重新安装琉璃花窗，修补花窗洞口。

（8）防腐、防白蚁及油漆工程

一是清除旧梁架表面老化油漆，露出其木材原色；所有旧木材及新添木材均作防腐、防虫处理，均刷桐油漆三遍、底漆一遍、面漆二遍；檩条洞口作防腐、防白蚁、防潮处理。

二是外露铁件均刷一遍红丹防锈漆和两遍黑色调和漆。

图5-37　金花庙维修前外观

图5-38　金花庙维修后外观

（9）排水及其他工程

疏通排水沟，香亭滴水位置加建排水沟并在外侧做挡水线。

4. 周边环境、青云巷门楼

清除月台水泥地面，恢复麻石地面，修复围墙，更换石狮。拆除青云巷后加巷门，复原巷门木企栋柱。

图5-39　金花庙维修前香亭与后堂

图5-40　金花庙维修后香亭与后堂

图5-41　金花庙维修前庭院山墙　　　　图5-42　金花庙维修后庭院山墙

5. 其他

疏通建筑物内外所有排水管道、明沟。

三、维修时的新发现

1. 在唐家三庙维修中，发现文武帝殿保留有十九幅相当完整的杨瑞石署名彩画。杨瑞石是清代光绪前后岭南建筑界中绘制壁画的大师，常被邀请到广府高档的大型宗祠作画，光绪年间建造的广州陈家祠的壁画就是由杨瑞石所主持完成。然而，杨瑞石所画壁画的祠堂虽有多处，但或因祠堂维修而壁画已被重画，或因历史原因壁画而被涂盖，有明确署名并未经修改的完好作品已很少见到，极为珍贵。

图5-43　文武帝殿中的杨瑞石作品《赏菊图》

图5-44　文武帝殿中的杨瑞石作品《福寿绵绵》

2. 维修中发现唐家三庙圣堂庙头门凹肚式门廊上的彩画为压纹后再描画，不同于传统彩画在批灰后的墙面平面上直接描画的通常手法，工艺极具特色。

四、活化利用

唐家三庙的维修严格按照设计方案及规划要求进行，遵守"不改变文物原状"的维修原则，做到"四个保存"（保存原有形制、保存原有建筑结

图5-45　唐家三庙维修后全貌

图5-46 设在唐家三庙文武帝殿的唐家湾民俗馆

图5-47 2018年农历四月十七金花诞，唐家村民于设在唐家三庙金花庙的金花诞非遗传承基地前留影

构、保存原有建筑材料、保存原有施工工艺）。施工中重视对传统建筑文化的考究和保护，对濒临失传的传统工艺（如圣堂庙内庭院两侧嵌入式镜面灰塑）广泛征求工艺传承工匠、国家及省市文物保护专家意见，使唐家三庙维修后得以重现昔日风貌。

唐家三庙在修缮后，高新区于文武帝殿、金花庙内分别设立唐家湾民俗馆及"金花诞"传承基地。（金花诞于2012年入选珠海市级非物质文化遗产代表作名录。）

东岸北溪庙

东岸北溪庙原名圣济庙，是东岸村现存历史较久的庙宇。

一、北溪庙简介

东岸北溪庙位于珠海市唐家湾镇东岸村西堡路，与东岸小学相邻。始建年代不详，重建于清同治元年（1862），坐东北向西南。单开间两进，单层。总进深10.52米，总面阔4.2米，建筑面积约44.6平方米。由山门、正殿组成，中部小天井，两侧设飘廊，正殿内现存《重建本庙碑记》一通。

头门面阔一间，进深一间共七架，人字山墙，青砖石脚，灰瓦面，灰塑平脊。凹肚式门楼，石门夹，石门槛。面墙分隔前后，前廊麻石板铺地，后厅阶砖地面。石门额阳刻"北溪庙"三字，石门联阳刻"北溪遗泽远，东岸著灵长"。上部内外均绘制精美壁画，墀头灰塑，饰线细腻精致。两扇穿带式大门，上部镂空。后檐金檩下置屏门挡中，石檐柱、石柱础，柱顶至金檩，承天井飘廊檐枋。中部天井，麻石板铺地。两侧单坡飘廊，左侧廊墙辟便门通往外部，门洞顶绘制壁画。

北溪庙整体建筑规模虽小，但布局紧凑、精致，脊饰、墀头灰塑、壁画，一应俱全，广府庙宇建筑特色尽显，文化内涵丰富，具有一定的建筑艺术价值。

北溪庙约清乾隆五十七年（1792）前后迁建于现址。清同治元年（1862），由东岸乡民筹资于现址重建。中华人民共和国成立后，原功能废止，作村集体公共建筑。20世纪90年代后因破损严重长期空置。

二、维修保护

2018年，珠海高新区启动东岸北溪庙修缮工程，建设单位为珠海高新区（唐家湾镇）文化中心，设计单位为佛山市清华文博顾问有限公司，施工单位为佛山市工程承包总公司，监理单位为珠海市建设工程监理有限公司，2018年3月6日开工，2018年6月14日竣工。

（一）维修前损毁情况

1. 头门屋面渗漏，滋生杂草，木基层霉蛀糟朽严重；大门残损松脱，挡中缺失。

2. 墙身各类电线散乱密布，面墙灰浆覆盖，且被雨渍污渍污染，壁画剥蚀；右山墙因紧邻社区综治室，间隙狭窄，根部砌块存在较严重的风化酥碱和缺损现象；右侧廊墙，嵌砌麻石套碑刻一通，由于年代久远，碑面上部剥蚀，部分碑文残缺。

3. 原天井飘廊被拆除，由正殿前坡屋面延伸两步架，延伸部分的檩椽霉蛀糟朽，致屋面局部坍塌；天井地面积满垃圾杂物，淤塞原有排水渠，导致长期积水，滋生蚊虫。

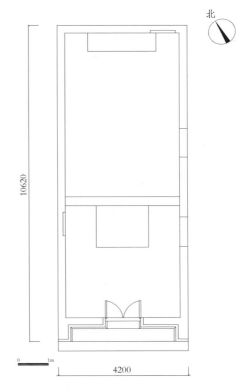

图5-48 东岸北溪庙平面图

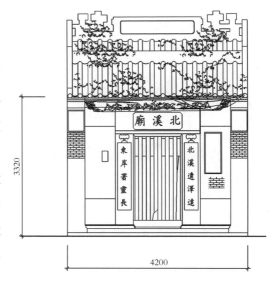

图5-49 东岸北溪庙正立面图

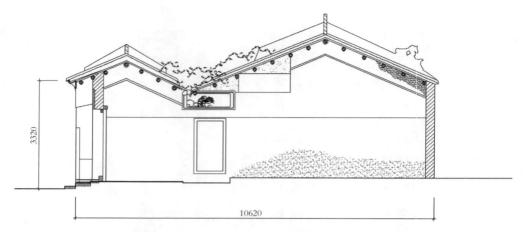

图5-50 东岸北溪庙剖面图

（二）工程主要内容

1. 地基基础维护

（1）清理山门至正殿左山墙外墙基杂物，重新构筑排水沟渠，增设格栅沟漏，做沟渠防渗水处理。

（2）对山门至正殿右山墙与社区综治室之间狭隙，实施水泥面层硬底化处理，设置排水坡度排除雨水。

（3）对正殿后檐墙与相邻民居之间狭隙，在实施水泥面层硬底化处理及设置排水坡度基础上，采取正殿后檐墙檐下增设天沟做法（天沟：采取支架悬挑形式，安装于相邻民居外墙的排水管），及时排出屋面雨水，保障狭隙日常通风通畅，维护正殿墙基结构稳定。

2. 墙体

（1）封堵后期改建新开的窗洞，剔补修复墙体酥碱、崩缺、残损等的砌块。

（2）清洁墙面后期涂刷灰浆、污渍污垢，恢复清水墙面原状；按原状恢复补砌墙体崩缺部位。

3. 屋面

（1）揭顶修缮山门、正殿屋面，替换残损严重的木构件，增补缺失的

图5-51　东岸北溪庙维修前外观

图5-52　东岸北溪庙维修后外观

瓦件、木构件，对木构件实施防腐防蛀处理与翻新油漆。

（2）按历史原状恢复中部天井两侧飘廊；按历史遗存痕迹并结合当地传统做法恢复室内局部卷棚天花装饰。

4. 地面

（1）按原做法、材料重新铺装山门内间、飘廊、正殿地面。

（2）清洁内天井地面和石板面层，疏通原有排水沟渠，修复或增补缺失的沟渠、沟漏，恢复排水系统原状。

5. 装饰

（1）修复脊部、山墙八字、草尾、檐墙顶部灰版等现存灰塑残损部位；清洁山门墀头灰塑表面污垢，修复局部边角残损剥蚀，维护其整体完整性；对其他部位的墙面灰塑装

图5-53　东岸北溪庙维修后头门

饰，在既存基础上实施残损修复和缺失增补。

（2）根据室内遗存痕迹，参考本地区同时代乡土建筑做法，恢复缺失的山门挡中、正殿前廊部、两厢飘廊；修复残损的山门大门并翻新油漆，增补缺失的左厢便门。

（3）清洁壁画表面污渍、水渍、青苔，脱盐处理壁画面层析盐，修复壁画基底抹灰层破损、空鼓、翘曲等，对壁画基底抹灰边角线框残损，配置与现状色相接近的色灰实施修补，增补饰线。

6. 碑刻、石刻

清洁石刻表面污物，为文字填色，恢复原貌，并增设玻璃防护罩保护和展示。

7. 环境工程

排水管网改造，庭院及室内美化。

图5-54 东岸北溪庙维修后内部

【 第 六 章 】

其 他

翘卿家塾

翘卿家塾为清末民初茶业巨子、上海"茶业公司"和"华茶有限公司"创办人唐翘卿所建私塾，于2011年11月被公布为珠海高新区不可移动文物，2012年7月被公布为珠海市不可移动文物，2018年2月被公布为珠海市文物保护单位。

一、唐翘卿简介

唐翘卿（1841—1925），字高亮，号国泰，广东香山县唐家乡（今珠海市唐家湾镇唐家）人。出生于农民家庭。14岁赴沪，入茶庄学师。经十余年辛勤工作，获东主器重，升跑堂、座庄。后结识在海关任事的族叔唐廷枢，虚心向其学习英语和商务知识，眼界大开。因常往产茶区收购茶叶，洽谈业务，久而精通茶务，熟悉制茶工艺，同行均视其为老行尊。民国初年，汉口英商新大信洋行的资料汇刊称其为"中国茶业的拿破仑"。

清同治六年（1867），唐翘卿在唐廷枢的支持下，在江西九江自设"谦顺安茶栈"。后又得族兄、汉口俄商阜昌洋行买办唐瑞芝的支持，在汉口设立分号。经一年努力，经营规模不断扩大，又在上海设立分号，是年底将分号扩充为"恒顺宏茶栈"。同年，唐廷枢、徐润等在上海创立"茶叶公所"，唐翘卿被举为董事。

19世纪70年代末，唐翘卿获聘为上海汇丰银行买办。除经营茶业外，唐翘卿还在保险、矿务、房地产、航运、金融等方面投资，是唐廷枢创办的中国首家保险企业——仁和水险公司的主要股东之一。光绪九年（1883），他与徐润之侄徐秉诗集资，经营安徽池州煤矿。

拓展业务之余，唐翘卿还十分关心社会公益事业。他是上海广肇公所（广东商民在上海设立的同乡会馆）的创办人和会董，参与唐廷枢、徐润等倡议建立仁济医院、普育善堂、辅元堂等开展慈善事务，以及资助上海格致书院及英华书馆。在家乡，他创办翘卿家塾，发展教育，延聘名师宿儒教授学童，凡本房子弟，免交学费和书费，赤贫者还可酌情给予资助；他还倡议并集资购买"都益号"小火轮，航行于香港、唐家与上栅间，改善交通，造福桑梓。

第一次世界大战结束后，英商将其控制的南亚"西冷红茶"倾销中国，企图扼杀中国传统制茶工业。民国八年（1919），唐翘卿出面，将分散经营的茶栈合并，成立了规模宏大的"华茶有限公司"，其子唐季珊出任总经理。华茶公司由国外引进新式制茶机器，改进包装与焙制方法，积极培育推广良种，增加新的茶叶品种和产品规格，中国的制茶业不仅在国内击退英商的倾销攻势，还远销海外，乃至一度垄断当时美洲市场。民国十四年（1925），唐翘卿于上海病逝。

二、翘卿家塾简介

翘卿家塾位于珠海市唐家湾镇大同路9号，建于民国初年，坐西北向东南。由主座和左厢房组成，总面宽14.62平方米，总进深11.22米，建筑占地面积约164平方米。翘卿家塾主座面阔三间，两进夹一天井，抬梁与穿斗混合木构架，硬山顶，灰瓦面，青砖墙体，有精美的木雕、灰塑和彩画，是唐家湾镇保存较好的清代教育场所之一，是研究珠海地区教育史的实物材料。

中华人民共和国成立后，该建筑曾做为唐家人民公社唐家大队办公点，此期间，右厢房被改建。1986年，为落实侨房政策退回唐氏后人。之后该屋被出租，左厢房与主座隔开，一层改造成小作坊，二层为出租屋，主座也因各种租户使用，屡被随意间隔、改建、加建。

三、维修保护

2015年，珠海市唐家湾历史文化保护协会承租翘卿家塾，并在珠海市文体旅游局和珠海高新区文化部门的支持下，启动翘卿家塾修缮工程。设计单位为潮州市建筑设计院，施工单位为潮州市建筑安装总公司，监理单位为珠海市建设工程监理有限公司。2015年10月10日开工，2016年4月30日竣工。

（一）维修前损毁情况

（1）主座一进左次间被加建墙体、木阁楼、木隔板吊顶，右次间加建墙体、木阁楼、石膏板吊顶，连廊被改成厕所；二进左右次间被加建石膏板吊顶；天井被加建铁皮屋面，左右连廊卷棚屋面、左厢房二进屋面被改与原屋面不同形制屋面。

（2）左厢房一进原窗洞被封堵，后开门洞、窗洞，加建铁皮卷闸门、铝合金窗户；墙面被后人用水泥砂浆覆盖，墙基受潮、风化、长青苔，地面被改为瓷砖地面；屋面瓦辘筒风化、下滑。

图6-1　翘卿家塾维修前外观

（3）主座一进大门外矮栅门、石门框、屏门缺失，花格窗霉烂，构件破损、油漆脱落，前檐木雕封檐板缺失、后檐木梁架油漆风化，灰塑彩画被覆盖，草龙及线条残损、风化；一进右次间被后开门洞、窗洞并加建铝合金门窗，部分阁楼檩条霉烂，油漆脱落；一

图6-2　翘卿家塾维修前内部

进左次间原有窗洞被改为门洞并后开窗洞、排气洞，原有木窗残损、霉烂、油漆脱落；二进木隔扇及花格窗缺失，后墙后开门洞用红砖封堵，墙基局部受潮，长满青苔；石柱柱身边角小块破损，金柱局部霉烂，梁架表面炭化、油漆老化脱落，雀替、左连廊梁架缺失，右连廊梁架被后加建墙体覆盖；墙面青砖墙被灰水覆盖；屋面辘筒断脱、下滑、风化，部分瓦片破损，辘筒裹灰风化，蚝灰流失，辘筒断脱，正脊风化残损；一进、天井、二进及连廊被改造成水泥砂浆地面，右次间被改为瓷砖地面。

（4）外墙管道、线路杂乱，内排水系统被堵塞。

（二）维修主要内容

（1）拆除加建厕所、墙体、门窗、水泥砂浆地面和瓷砖地面，按照原尺寸原材料原砌法封堵后开窗洞、门洞，恢复原有门窗，复原清水砖墙面，复原一进、二进、连廊、左厢房红阶砖地面，复原天井条石地面，清理覆盖彩画的灰浆层以及山墙灰塑、线条、草龙表面的霉菌、污迹。

（2）屋面揭瓦重盖并复原一进左右连廊卷棚屋面，补配欠缺的古制白泥板瓦、筒瓦、檐口滴水瓦，更换部分霉烂的檩条、桷板、飞椽；修复加固主座梁架，重新做防虫防白蚁、桐油漆保护处理；复原重做天井左连廊缺失梁架，修复天井右连廊梁架；清洗石柱、金柱表面污迹，金柱重做防腐、防虫、桐油漆保护处理。

（3）复原重做主座一进大门口缺失线条，重配大门，复原外矮栅门、木窗、木隔扇、花格窗、门槛石、木雕封檐板、

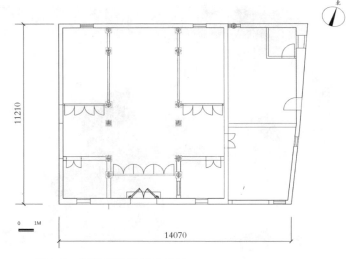

图6-3　翘卿家塾修复平面图

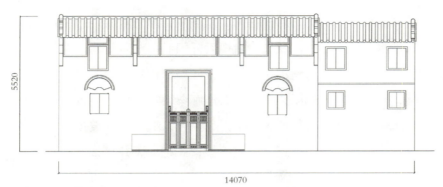

图6-4　翘卿家塾正立面图

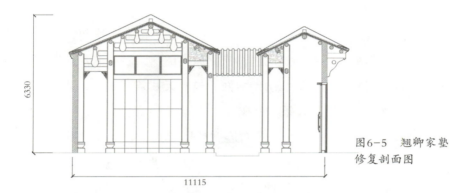

图6-5　翘卿家塾
修复剖面图

图6-6　翘卿家塾维修后外观

图6-7　翘卿家塾维修后挂落

图6-8　翘卿家塾维修后一进

木屏门、木结构屋面，修复花格窗、一进左连廊侧门；重做复原左厢房木门，修复左厢房墙体，墙基局部进行加固处理，清理墙面灰浆层。

（4）保留左侧厢房外墙体上重要管线，优化铺设，拆除多余管线；疏通恢复内、外排水口及排水暗渠。

图6-9　翘卿家塾维修后厢房

图6-10　翘卿家塾维修后连廊

四、活化利用

　　珠海市唐家湾历史文化保护协会对翘卿家塾进行原貌修复后，其建筑作为协会会址，日常开展公益展览及培训交流等活动，常设展览有"珠海高新区不可移动文物""图说古建筑"等。

第二节

唐乐原珠海县办公楼

　　唐乐原珠海县办公楼是珠海建县之初所建的两层楼房，也是唐家地区保存最完好的该时期建筑。

一、办公楼简介

　　唐乐原珠海县办公楼位于唐家湾镇唐乐社区。建于20世纪50年代中期。坐西北向东南。主体建筑高两层，七开间，前有走廊，总面宽21.92米，总进深10.34米，建筑面积226.65平方米。砖石木结构，硬山顶，灰瓦面。其所用青砖、麻石板、木料等建筑材料多为拆除唐家祠堂所得。

　　该办公楼原为珠海县委招待所及办公之用。1961年4月珠海县恢复建制，县址改设在香洲后，该办公楼长期由唐家居民委员会、唐乐社区居委会等机构管理，20世纪90年代末后曾作为出租屋。2012年起因破损严重开始空置。

二、维修保护

2015年，珠海高新区启动唐乐原珠海县办公楼维修工程，建设单位为珠海高新技术产业开发区社会发展局，设计单位为潮州市建筑设计院，施工单位为广东五华一建工程有限公司，监理单位为珠海市建设工程监理有限公司。2015年12月20日开工，2016年2月27日竣工。

（一）维修前损毁情况

1. 主座前院条石地面局部被砂浆覆盖，杂草丛生。一层走廊红阶砖地面局部破损、被砂浆覆盖。二层走廊红阶砖地面局部开裂破损、下沉。三是一、二层室内红阶砖地面均有局部破损。

2. 办公楼左右次间外墙、左右立面外墙、背立面外墙的墙面部分抹灰受潮发霉，主座一层室内白色乳胶漆墙面部分抹灰层破损、部分发霉变黑，走廊外墙面、楼梯间、二层走廊外墙身乳胶漆老化、颜色变淡、油漆脱落，二层室内白色乳胶漆墙面部分抹灰层破损、部分发霉变黑，一层左侧第一开间中间隔墙处后人加开门洞，二层右侧第二开间居中位置、右侧第三开间居中位置、左侧第三开间居中位置被用红砖加砌一道隔墙，建筑正立面砖柱面层风化、发霉变黑。

3. 屋面辘筒断脱、下滑、风化，部分瓦片破损，雨天漏水，造成屋面檩条、桷板、梁架多处霉烂，油漆脱落，前檐勾头、滴水部分缺失，前檐、后檐滴水瓦严重下滑，勾头部分缺失，正脊、垂脊风化、破损严重，局部缺失；一层屋面檩条、楼板受潮开裂，危及结构安全；二层走廊木檩条霉烂、腐朽、断裂。

4. 二层走廊木栏杆霉烂、腐朽，天花木隔板霉烂开裂；木门、木窗残损，扇页部分残损、缺失，木材表面碳化、面层油漆老化、部分脱落。

5. 外墙面线条风化严重，背立面部分线条缺失，主座前檐、后檐墀头线条风化，二层飘板滴水线条缺失。

6. 部分排水口被阻塞，建筑乱拉电线线路，存在安全隐患，室内外杂物、垃圾、杂草较多，需要清理。

（二）工程主要内容

1. 拆除二层室内后砌隔墙及封堵原有门洞的红砖。

2. 屋面揭顶重盖，更换严重霉烂檩条、桷板，重做缺失檩条、桷板，修补加固开裂檩条、桷板，复原屋面檩条、桷板、飞橡，修复、加固正脊、垂脊、灰塑等，重做复原木结构油漆。

3. 清除杂草，铲除主座前院覆盖局部条石地面的砂浆和主座一层走廊覆盖红阶砖地面的砂浆，修复局部破损的红阶砖地面。

4. 修复外墙体部分破损抹灰层，加固外墙面空鼓抹灰层；修复主座一层、二层室内破损墙面，铲除空鼓、霉烂的墙面，重新批白灰、批荡、粉刷；按原砌法封堵主座隔墙处被加开的门洞，恢复墙体。

5. 揭顶重盖瓦屋面，复原缺失勾头、滴水，修复前檐、后檐下滑严重的滴水瓦，修复风化、破损严重的正脊、垂脊。

6. 修复一层屋面檩条、楼板，复原二层走廊木栏杆，复原二层走廊木檩条；屋面更换的檩条、桷板、飞橡均作防腐、除虫处理，木材均刷生桐油

图6-11　唐家原珠海县办公楼维修前外观　　图6-12　唐家原珠海县办公楼维修后外观

一遍、熟清桐油漆两遍。

7. 修复二层残损的天花木隔板，复原、重做破损严重、缺失的木门窗、竹防盗条，补配门窗构件，重新油桐油漆。屋面更换的木装饰均作防腐、防蚁处理，均刷生桐油一遍、熟清桐油漆两遍。

8. 复原外墙面风化严重的线条、二层飘板缺失的滴水线条，修复主座前檐、后檐风化的墀头线条。

9. 清理、复原室外排水系统，清理乱拉电线。

三、活化利用

原珠海县办公大楼修缮后，珠海高新区设立唐乐社区文化中心和唐家麦记饼艺非遗传承基地。该非遗传承基地通过文字资料、历史照片、实物以及新型的声、光、电技术，展示麦记饼艺的历史、技艺与传承，并开设"麦记课堂"与"互动空间"，让参观者在参观的同时亦能亲身体验麦记饼艺独特魅力。（2015年"唐家麦记饼艺"入选珠海市非物质文化遗产代表作名录。）

图6-13　设在唐家原珠海县办公楼一楼的唐家麦记饼艺传承基地

唐家古围墙

　　唐家古围墙是唐家乡民为防盗自卫而筹建的围墙，于2011年11月被公布为珠海高新区不可移动文物，2012年7月被公布为珠海市不可移动文物，2018年2月10日被公布为珠海市文物保护单位。

一、围墙简介

　　唐家古围墙位于珠海市唐家湾镇唐家社区内，始建于明末。围墙高约3米，厚0.4米，夯土砌筑而成。原围绕唐家村（旧村）一周，设有五门，即万安门、龙庆门、迎曛门、启明门和亨衢门，总长待考。墙体采用三合土为材料，即黄土（红土）、河砂（细石）、石灰（贝灰），掺入红糖浆、糯米浆、明矾等黏合材料以增强墙体硬度，放入竹枝作为"墙骨"，起到原始钢筋作用，使得墙体稳定性得到增强。唐家古围墙对研究明清时期唐家村的防卫设施有一定的历史价值。

　　唐家古围墙于清嘉庆二十年（1815）、咸丰二年（1852）及民国二年（1912）曾多次集资、"派丁"维修。据《咸丰九年劝捐围墙小引》载："墙围四面，内外须峻防闲，闸分五门，晨昏尤严启闭。"从明末至民国初年，五处木栅闸门设有专职"更夫"把守，负责晨昏按时启闭工作。民国后期，五个闸门先后拆除，围墙亦大部分拆毁，仅残存龙庆门至凌园埔、鹅岭一峰山下及后楼巷、后门林、亨衢巷几段，共约580米。

二、维修保护

2016年，珠海高新区启动唐家古围墙（龙庆门至凌园埔段）修缮工程，建设单位为珠海高新技术产业开发区社会发展局，设计单位为广州匠舍建筑设计咨询有限公司，施工单位为浙江省临海市古建筑工程公司，监理单位为珠海市建设工程监理有限公司，2016年1月2日开工，2016年4月20日竣工。

（一）维修前损毁情况

1. 围墙因周边路基抬高，致露出路面仅有1.925米。

2. 墙体受潮发黑、滋生苔藓、风化碎裂出现通缝。

3. 后加建墙体与原风格不协调，墙根水土流失。

（二）工程主要内容

1. 清除古围墙的青苔、杂草及树根等，用缩节胺植物化学生长抑制剂处理墙体表面草木，抑制其生长。

2. 拆除后加石墙体，在围墙入口处设置展示性玻璃幕墙和石碑，展示古围墙的历史及制作工艺。

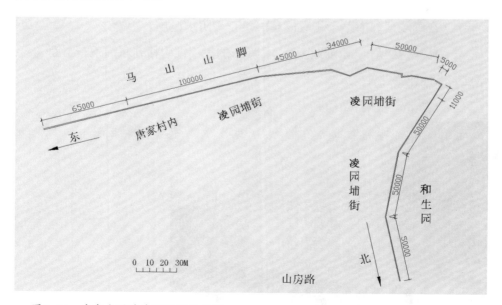

图6-14　唐家古围墙凌园埔段平面图

图6-15 唐家古
围墙维修前

图6-16 唐家
古围墙维修后

3. 墙体裂缝及墙根处用三合土填补，修补围墙裂缝。

4. 在围墙紧邻道路一侧增设墙根条石等防护设施。

5. 拆除两座临时建筑及旧大门，新做的大门往内移，新铺条石路面、草皮，新建花基并种植绿植。

图6-17 设在唐家古
围墙的建筑工艺展览

三、活化利用

唐家古围墙在修缮后，高新区设置古围墙简介碑刻及建筑工艺展览。

碑文曰：

唐家古围墙坐落在珠海高新区主园区唐家湾镇唐家古镇内，原围绕唐家旧村一周，是唐家乡民防盗自卫的重要设施。

据唐家三庙碑记、唐家唐氏《子英房谱》等史料记载，唐家古围墙始建于清顺治（1644—1662）初年。当时"盗匪猖狂，肆行劫掠"，邑庠生唐万象率乡人御匪，并"倡议随丁均派，创筑围墙。日夜守望，毙贼甚多"。至嘉庆二十年（1815），围墙日渐倾颓，岁贡唐士鲲"建议重修，沿前人随丁均派例，从万安门量起至梁姓水闸止，共墙二百五十九丈"。其时唐家村有18至60岁男丁共720名，按每丁派三尺五寸的方式，合力完成了此段围墙的重修。后围墙因年久失修，防御功能减弱，唐家村于道光二十五年末（1846年初）、三十年（1850）和咸丰元年（1851）三次遭劫。唐家乡民急欲重修此段围墙，但苦于工程浩大，资金短缺，不敢妄动。至咸丰三年（1853），增贡生唐步瀛等人倡议为重修围墙捐款。在上海经商的唐永立、唐启勋等11位唐家村人率先捐款，后乡绅唐永鏊于咸丰三年（1853）、四年（1854）两次往上海向各殷户劝捐，举人梁尚举又于咸丰四年（1854）在乡劝捐，共募得银一千九百七十七两一钱四分，得以开展围墙重修工程。历百日，重修工程竣工，"墙围共得贰佰陆拾余丈，绵亘望若长城，工费共银贰仟壹佰余两"，工程余款由防御田亩捐银补足。

唐家古围墙原总长待考，高约一丈，厚约一尺有余，夯土筑成，原设有五门，即万安门、龙庆门、迎曛门、启明门和亨衢门。历经数百年风云变幻，五门已先后废毁，墙体严重毁坏，今仅残存龙庆门至凌园埔、后门林和鹅峰山下三段共约580余米。唐家古围墙是印证唐家湾沧桑历史的重要载体，对研究珠海地区明清时期乡村防卫设施具有一定的价值。唐家古围墙于2011年11月

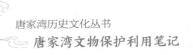

公布为珠海高新区不可移动文物，2012年7月公布为珠海市不可移动文物。

2015年11月，珠海高新区管委会对唐家古围墙进行修缮保护工程，于2016年4月竣工，工程主要内容为清除古围墙的青苔、杂草及树根等，修补围墙裂缝；拆除后加石墙体，新做夯土围墙、墙根条石防护及玻璃幕墙，并设置古围墙简介碑刻及建筑工艺展览；拆除2座临时建筑及旧大门，新做的大门往内移、新铺条石路面、草皮，新建花基并种植绿植。

珠海高新区管委会

2016年8月

第四节

那洲南门楼

那洲南门楼是那洲村民为安防而建的闸门，于2011年11月被公布为珠海高新区不可移动文物，2012年7月被公布为珠海市不可移动文物。

一、南门楼简介

那洲南门楼位于唐家湾镇那洲五村五堡南闸，建于民国十二年（1923）。门楼高3.6米，门高2.56米，宽1.88米。石材砌筑，花岗岩门框，阴刻"和洽南薰"。门楼左侧东面三合土围墙长约200米，南侧向北三合土围墙长约100米。那洲南门楼是研究民国时期那洲村安防的实物材料。

二、维修保护

2016年，珠海高新区启动那洲南门楼修缮工程，建设单位为珠海唐家湾文化旅游有限公司，设计单位为潮州市建筑设计院，施工单位为广东五华一建工程有限公司，监理单位为深圳市勘察研究院有限公司，2017年6月20日开工，2017年8月30日竣工。

（一）维修前损毁情况

1. 闸门墙体开裂倾斜严重，墙体开裂处裂缝最大值5厘米，门楼牌匾横向往外斜8厘米，存在结构安全隐患。

2. 门楼屋面脊饰、瓦片辘筒破损缺失，石门阴刻"和洽南薰"四字缺失，灰塑残损。

图6-18　那洲南门楼维修前

（二）工程主要内容

1. 墙体纠偏，用钢骨架夹牢墙体，再用手动葫芦牵拉结合千斤顶的方法将墙体拉正纠正；修补墙体裂缝和破损部位；修复复原牌匾。

2. 修复复原门楼瓦屋门、脊饰、灰塑、石门阴刻"和洽南薰"。

图6-19　那洲南门楼维修后

第五节

那洲大碑沟桥

那洲大碑沟桥是那洲村民为便于往来务农所建的桥梁，于2017年9月被公布为珠海高新区不可移动文物。

一、大碑沟桥简介

那洲大碑沟桥位于珠海市唐家湾镇那洲社区那溪河上。由那洲一村（旧称新村）村民自发所建，因建在大碑沟上，故名那洲大碑沟桥。始建年代不详。后由于河面扩宽，20世纪70年代时由生产队组织维修加固。桥全长29.3米，高2.3米。桥头建有坝头，阻挡水流通过，防止河水冲移石板桥。石桥由

图6-20　那洲大碑沟桥维修前

图6-21　那洲大碑沟桥维修后全貌

两段组成，一段为原有石桥，另一段为因桥面部分下塌重新修筑的新桥。

原有石桥由8块石板组成，长19.2米，宽1.1米，厚0.26米。跨度约4.4米，由5个桥墩支撑，桥墩上有2条石榫，将桥面与桥墩牢牢固定。新桥用块石做桥墩，上铺旧条石，条石上部铺设水泥砂浆桥面。

大碑沟桥保存较完整，造型古朴、厚重，跨度较大，是珠海地区现存较为完整的古桥之一。虽无具体文字记载石桥始建年代，但从现存建筑构件、风格和工艺手法等综合考证，可判断其为清末民初时期的石桥建筑样式。桥墩及墩上石榫做法具有明显广府地区传统石桥的风格，对研究珠海地方古桥建筑历史及当地地理、水利等有一定的实物价值。

二、维修保护

2017年，珠海高新区启动那洲大碑沟桥修缮工程，建设单位为珠海高新区社会保障和公共事业局，设计单位为潮州市建筑设计院，施工单位为潮州市建筑安装总公司，监理单位为珠海市建设工程监理有限公司，2017年11月10日开工，2017年12月20日竣工。

图6-22 那洲大碑沟桥维修后局部

（一）维修前损毁情况

1. 原有石桥桥面共有4跨，现仅存北向1跨，其余被冲垮沉入河底。

2. 桥墩原共有5个桥墩，已有2个倒塌、1个倾斜、错位，仅存的2个桥墩也因长期受河流冲力影响已出现松脱、错位。

3. 后加建石桥为水泥砂浆，桥墩砌筑粗糙、部分错位。

（二）工程主要内容

1. 对原有石桥石墩按原样式复原冲垮部分，归位、扶正、加固松脱部分，复原桥墩上的石榫。

2. 铲除、复原岸边水泥砂浆路面。

3. 对后加建石桥加固处理，归位、加固桥墩局部松脱、错位部分，加固处理部分下沉基础。

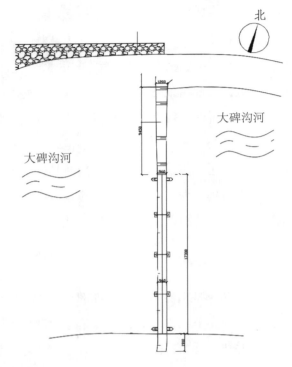

图6-23　那洲大碑沟桥平面图

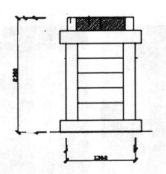

图6-24　那洲大碑沟桥立面图

为了及时记载唐家湾文物保护利用情况，高新区决定将《唐家湾文物保护利用笔记》作为《唐家湾历史文化丛书》第一辑6本图书之一。本书由珠海高新区社会保障和公共事业局负责统筹工作，珠海高新区（唐家湾镇）文化中心承担具体编撰工作，珠海市唐家湾历史文化保护协会协助编撰工作。

本书分工如下：罗玉芬负责统筹编目和编撰全书，黎映宇、何准、丘旺兵负责统审全稿，甘晓涛负责拍摄、整理图片，陈瑞和、郑丽娟、唐慧、刘佳增、何群负责整理原始资料，补充相关内容。

本书以成，有赖于珠海高新区长期以来对文物保护维修利用活化工作的重视，特别是2015年以来持续投入专项资金开展文物维修保护、活化利用工作，成效显著。本书记录了2009年至2020年10月珠海高新区各部门实施的已完工文物、历史建筑保护维修、活化利用相关工程项目。

本书编撰过程中得到了潘恒、张建军、陈振忠等专家提供的专业意见，在此深表感谢。在编写过程中大量使用了珠海高新区（唐家湾镇）文化中心、珠海市唐家湾历史文化保护协会的文物相关资料，亦引用了各项目设计、施工、监理等单位的工程资料，并得到珠海高新区乡村振兴办（原高新区幸福村居办）、珠海市高新建设投资有限公司、珠海唐家湾文化旅游公司、鸡山股份合作公司等单位提供相关项目资料，在此一并感谢。

由于编写水平有限，时间仓促，疏漏在所难免，请予谅解并指正。

编者

2020年12月